아이의 속마음을 알아야 진짜 엄마다

43개 질문으로 풀어보는 0 ~ 10세 아이 심리
아이의 속마음을 알아야 진짜 엄마다

1판 1쇄   2025년 07월 12일

지은이　　윤정원
펴낸이　　강민철
기획·편집　강민철
디자인　　고혜란
펴낸 곳　　(주)컬처플러스
출판등록　2003년 7월 12일 제2-3811호
주소　　　03182 서울시 종로구 세종대로23길 47,
　　　　　608호 (미도파광화문빌딩)
전화　　　02-2272-5835
이메일　　cultureplus@hanmail.net
홈페이지　http://www.cultureplus.com
ISBN　　　979-11-85848-25-9 (03590)

* 이 책 내용의 일부 또는 전부를 사용하려면 반드시 저자와
  ㈜컬처플러스의 동의를 얻어야 합니다.

* 이 책에 실린 내용은 저자가 인터넷 언론 <베이비뉴스>에 썼던 칼럼 중
  일부를 선별해 단행본에 맞게 편집한 것입니다.

아이의 속마음을 알아야 진짜 엄마다

윤정원 지음

컬처플러스

프롤로그

엄마들은 고민이 많다. 엄마들의 각각 다른 고민에는 같은 의문이 있다. '우리 아이는 왜 그럴까? 엄마인, 나는 이런 경우에 어떻게 해야 할까?' 그런 엄마들의 질문을 받아 동지의 심정으로 한 편, 한 편 쓴 글이 쌓인 기간으로 치면 이제 초등학교에 입학할 나이가 되었다. 아닌 게 아니라 지난 8년 동안 글을 낳고, 글 아이를 키운 셈이다.

무엇이 진짜이고, 무엇이 가짜인지 모를 세상이다.
무엇이 참이고, 무엇이 거짓인지 모르는 것이 삶이다.

현재의 시점에서 지난날 벌어졌던 일들의 상관관계를 밝히며 앞으로 일어날 일을 가늠하고 예측하는 곳이 심리 상담소라면 온라인 신문 <베이비뉴스>에 실렸던 테마칼럼 육아 고민에 대한 질문과 대답은 보이지 않는 공간에서 생생했던 엄마들의 이야기이다. 생각해 보면 상담소와 온라인은 모두가 '공감이 있는 공간'이었다.

이제 우리들의 공간을 지어 지난 8년 동안 낳고 키운 아이 같은 글들을 담아보려고 한다. 100편이 넘는 칼럼 중에서 책에 담을 내용만을 선별하는 작업이 쉽진 않았지만, 2018년부터 2025년 현재까지 관심이 높았던 주제 위주로 43편을 선정해 주제별로 묶어 5부로 구성했다.

가능하면 그때의 글을 그대로 옮기려고 노력했는데 질문에 답을 하기 위해 최선을 다한 진심을 번복하고 싶지 않아서이다.

<아이의 속마음을 알아야 진짜 엄마다>가 세상에 나오려고 태동할 무렵 주위에서 드라마 '폭싹 속았수다' 이야기가 유채꽃마냥 만발하고 있었다. 매번 칼럼마다 눈이 빨개지도록 오탈자를 살펴주던 왠지 모르게 양관식 이미지와 겹치는 남편과 저자가 아닌 엄마로 지지해 주는 딸과 아들에게 오애순의 마음으로 사랑을 전하고 싶다. 내가 아는 가장 소중한 말은 세상에 모든 단어를 품고 감싸는 가족과 사랑이다.

얼굴도 사는 곳도 모르지만, 꾸준히 독자로 연결되어 함께하고 있는 고마운 분들과 아이를 키우고 있는 엄마, 아이를 키웠던 엄마, 아이를 키울 엄마에게 이 책을 바치며 모두 폭싹 속았수다. 한 사람에겐 따뜻한 한 사람이 필요하다. 이 책이 누군가에게 한 사람의 역할을 해주길 바란다.

2025년 벚꽃 피는 어느 날
'공감이 있는 공간'에서

차례

프롤로그 4

1부
기질은 판단이 아니라 이해

순한 아기 키우는 엄마, '복받은 거' 맞을까요? 13
울음을 삼키는 아이, 칭찬하는 게 맞을까요? 18
말보다 눈물이 먼저인 아이, 왜 그럴까요? 22
예민하고 까다로우면 성격 나쁜 아인가요? 27
말을 잘 하지 않는 아이의 심리는 무엇일까요? 32
소극적인 아이는 자존감이 낮을까요? 36
안절부절 걱정이 많은 아이, 어떻게 도와야 할까요? 40
아이가 진심으로 웃는 것이 맞을까요? 44

2부
아이의 독별한 버릇

양치질을 하지 않으려고 하는 아이의 심리는? 51
씻는 것을 싫어하는 4세 아이, 어떤 심리일까요? 56
잠자는 것이 억울한 아이의 심리는 무엇일까요? 60
수면 교육을 위해 아기를 울려도 괜찮을까요? 64
밥을 먹다 자꾸 뱉어 버리는 아이, 왜 그럴까요? 68
집 화장실이 아닌 곳에서 배변이 어려운 이유가 뭘까요? 72
아이가 까치발로 걷고, 뛰어요 76
어린이집 친구가 자꾸 꼬집어서 스트레스를 받는 아이 81

3부
엄마와 아이의 본능적 관계

엄마를 때리는 아이, 어떻게 지도해야 할까요? 87
엄마가 싫어하는 행동을 일부러 하는 아이의 속마음은? 91
엄격한 아빠, 친구 같은 아빠 두 마리 토끼 잡기 95
엄마를 걱정하는 8살 아이, 괜찮을까요? 100
아이를 과잉보호하는 엄마, 왜 그럴까요? 104
애착 형성의 골든타임을 놓쳤다면? 108
평화주의자 우리 아이? 싸우는 걸 싫어해요 113
"왜?"라고 질문하는 아이, 반발하는 것처럼 느껴진다면? 118

4부
형제 그러나 가끔은 적군

동생을 마음으로부터 받아들일 수 있을까요? 125
형바라기 동생, 동생 귀차니즘 형 129
우리 아이는 친구가 세 명만 되면 꼭 싸워요 133
오늘은 동지, 내일은 적인 남매의 전투 137
늘 싸우는 형제 "엄만 왜 나만 미워해" 142
아이에게 까꿍 놀이가 왜 중요할까요? 146
어린이집보다 집에서 놀기 좋아하는 아이 150
놀이터만 가면 더 놀겠다고 떼쓰는 아이 155

5부
세상에 서는 아이들

"내 마음대로 할 거야" 고집 세고 욕심 많은 아이 161
어린아이가 왜 징크스에 집착할까요? 166
화날 때마다 자기 뺨을 때리는 여덟 살 아들 170
물건 사줄 때까지 졸라대는 9세 아이 174
'통제'는 부모의 불안감 해소 수단이 아닙니다 179
애착 물건에 집착하는 아이, 괜찮을까요? 182
시간 체크를 너무 꼼꼼히 해서 아이 같지 않은 아이 187
혼내려고 하면 엄마 눈치를 보는 네 살, 계속 혼내도 되나요? 190
아이도 번 아웃이 올 수 있을까요? 195
아동의 급성 스트레스 가볍게 생각하면 안 됩니다 199
조금만 엄격하게 말하면 "엄마 사랑해"라며 웃는 아이 203

에필로그 208

43개 질문으로 풀어보는,
알다가도 모를 우리 아이 속마음

1부
기질은 판단이 아니라 이해

순한 아기 키우는 엄마,
'복 받은 거' 맞을까요?

저는 6개월 된 아들을 키우고 있습니다. 아기가 순해서 잘 울지 않고 보채는 일도 거의 없습니다. 그래서 돌보기는 정말 편한데 '그냥 이렇게 내버려 두어도 괜찮을까?' 하는 생각이 듭니다. 주변에서는 복 받았다고 하는데 정말 그런 걸까요?

애착은 사랑하는 마음입니다

태어나서 1년 동안은 애착 형성을 위한 중요한 기간입니다. 발달심리학에서 애착은 부모나 특별한 사회적 인물과 형성하는 친밀한 정서적 유대로 봅니다.

보울비, 해리 할로우, 아인스워스는 애착의 형태를 유형별로 구별했고, 초기 애착 형성은 이후 심리적 적응과 관련이 있다고 했습니다. 심지어 영유아기 애착의 질은 초등학교 학업 성적과 관련이 있다는 보고도 있습니다.

애착은 사전적 의미로 '몹시 사랑하거나 끌려서 떨어지지 아니함 또는 그런 마음'이라고 정의하고 있습니다. 엄마와 아기가 서로 사랑해야 애착이 형성된다는 단순하지만 단순하지만은 않은 이야기를 나눠보도록 하겠습니다.

아기는 엄마를 어떻게 사랑할까요?

애착이 사랑하는 마음이라면 생후 6개월이 되는 아기는 엄마를 어떻게 사랑하게 되는 걸까요?

엄마의 돌봄을 받는 아기는 신체적, 심리적으로 안정감을 느끼게 되고 그 느낌은 정서에 저장되고 무의식으로 기억합니다. 아기가 처음으로 경험하는 사랑의 시작입니다.

엄마의 돌봄을 유발하는 아기의 행동은 다양할 텐데 가장 기본이 되는 것은 배고픔과 배설, 수면처럼 본능적인 욕구입니다. 아기에게 생존과 관련된 이 본능적 욕구가 적절하게 충족되지 않으면 이후 정서에 부정적인 영향을 미치게 됩니다.

아기는 자신을 돌보는 엄마의 정서를 느끼며 다시 되돌려줄 수 있는 발달을 성취하는데 그중 일부가 사랑하는 능력입니다. 아기는 엄마에게 받는 사랑을 통해 엄마를 사랑하는 방법을 알아가게 됩니다.

아기가 울지 않으면 덜 돌봐도 괜찮다?

　잘 울고 까다로워 섬세한 돌봄이 필요한 아기는 엄마를 힘들게 하지만, 오히려 욕구나 감정이 풍부하다는 의미이기도 합니다. 상대적으로 조용하고 환경에 순응적인 아기는 엄마의 손길을 덜 받게 되는데 "혼자서도 잘 노니까 요구하는 것이 별로 없어서"라는 생각에 누구라도 수긍하게 됩니다.

　간과해서는 안 되는 것은 순한 아기일수록 더욱 자주 접촉하고 자극을 줘야 합니다. 까다로운 아기는 엄마와 함께하는 시간이 많을 수밖에 없지만 순한 아기는 자칫 접촉과 자극이 부족할 수 있습니다. 아기가 엄마를 덜 찾을수록 더 돌봐야 한다는 생각의 전환이 필요합니다.

그렇다면 순한 아기에게는 어떤 돌봄이 필요할까요?

　기질이 타고난다는 것은 부모의 정서적 배경이 있다는 것을 의미합니다. 다른 표현으로 세대 간의 전이라고도 할 수 있습니다.

　아기의 정서 형성은 부모, 자신을 배경으로 한다는 이해가 아기를 양육하는 데 모범 답안이 될 수 있으며 현재 아기의 정서를 잘 돌보는 것은 다음 세대를 예측하게 하는 예상 문제지를 미리 풀어보는 것과 유사합니다.

　순한 아기는 정서의 역동감이 미약하게 느껴질 수 있지만 감정이 얕거나 단순하다는 의미는 아닙니다. 양육자인 엄마의 에너지를 전파시켜 아기를 자극하고 촉진해 보길 바랍니다.

감정은 파장입니다. 엄마의 다양한 감정과 느낌 전달이 순한 아기의 돌봄에 핵심입니다.

엄마는 늘 깨어 있어야 합니다

안정적이고 편안하다는 것은 무엇을 의미할까요?
멈춤과 흐름이라는 상반된 것을 토대로 생각해 볼 수 있습니다. 외부 자극이 없는 상태는 정서를 멈추게 할 수 있습니다. 상황에 맞는 적절한 자극은 정서를 흐르게 하는 원동력입니다. 다양하게 경험하고 감정을 느끼고 열린 사고를 하며 상황을 인식하는 것은 깨어 있어야 가능합니다.
깨어 있다는 것은 준비되어 있다는 것을 의미합니다. 엄마에게는 아기를 돌보고 사랑하는 정서의 준비라 할 수 있습니다. 엄마의 정서가 아기에게로 닿고 아기가 경험한 정서가 다시 엄마에게 돌아오는, 마치 한 획으로 그린 그림처럼 정서가 통해야 합니다. 이 그림의 제목은 '애착'입니다.

이렇게 해보세요

- 적극적으로 반응합니다.
"ㅇㅇ이가 웃네!"라고 하면서 엄마도 함께 웃어줍니다.
- 접촉과 신체 마사지를 자주 합니다.

우유를 먹이거나 기저귀를 갈아주는 상황 외에도 함께하는 시간을 더 갖습니다.

- 이름을 자주 불러 줍니다.
- 멈춤과 흐름을 반복합니다.

눈 맞춤을 할 때는 멈춤으로 충분히 하고 감정을 느끼며 정서를 교류하는 흐름은 지속적으로 유지합니다. 엄마의 감정이 아기에게 전달되는 점을 주의하면서 정서를 나누면 됩니다.

아기가 안정적으로 잘 성장하려면 엄마는 자신의 심리적 그릇을 관리하고 스스로를 돌봐야 합니다. 아기는 안전한 환경에 담겨서 자극과 촉진, 사랑, 온정어린 손길을 받아야 합니다.

울음을 삼키는 아이,
칭찬하는 게 맞을까요?

저는 5세 아들을 키우고 있습니다. 저희 아들은 속상한 일이 있어도 표현하지 않으며 잘 참는데 그 모습이 또래 아이들에 비해 성숙해 보여서 주변에서는 칭찬을 합니다. 그러나 정말 힘들어서 울고 싶을 때도 눈물을 참고 삼키는 모습을 보면 속상하고 마음이 아픕니다. 친구들과 노는 것을 좋아하지만 엄마를 유독 좋아하기도 합니다. 이대로 괜찮을까요?

울 수 있는 것은 능력입니다

유아는 심리적인 상태를 어떻게 외부로 알릴 수 있을까요? 유아가 언어와 더불어 비언어적 사인을 상황에 따라 적절하게 표현할 수 있으면 좋습니다. 자신이 느끼는 감정을 인식하고 표현하는 것은 유아기뿐만 아니라 이후 타인과의 관계에도 영향을 미치게 됩니다. 유아의 다양한 감정 표현 중 하나인 우는 행위는 어떤 의미가 있을까요? 그 의미를 알아차리는 것이 부모의 역할이며 기능이라 할 수 있습니다.

어떻게 하면 아이가 감정 표현을 자유롭게 할 수 있을까요?

부모가 심리적으로 여유가 있어야 아이의 감정을 느끼고 공감해 줄 수 있습니다. 그리고 감정에 대한 평가를 하지 말아야 합니다. 감정을 평가하게 되면 가슴으로 느끼는 감정이 아니라 머리로 생각하는 이성이 될 수 있습니다.

아이가 울 때 부정적으로 반응하며 강제로 울음을 멈추게 한다면 더 이상 아이에게 우는 것은 감정을 표현하는 수단이 될 수 없습니다. 아이가 표현하는 감정들을 함께 느끼면서 반영해 주는 것이 좋습니다. 예를 들어 "엄마, 강아지가 다가오면 무서워"라는 표현에 "작은 강아지가 뭐가 무섭니"라는 반응은 평가에 가깝습니다.

"강아지가 무섭게 느껴지는구나! 무서운 느낌을 표현해 볼 수 있겠니?"라는 표현이 반영입니다.

아이와 엄마 사이 심리적 거리감은 어느 정도가 적당할까요?

엄마를 좋아하는 아이는 엄마를 실망시키는 일을 하고 싶지 않습니다. '내가 울면 엄마가 싫어할까, 내가 잘못하면 엄마가 실망하겠지'라고 생각할 수 있는데 엄마와 아이의 밀착 정도와 관련이 있습니다. 얼핏 애착으로 보일 수 있지만 밀착은 심리적인 거리감 없이 근접하거나 겹쳐지는 것이고, 잘 형성된 애착은 적당한 거리를 유지합니다.

예를 들어 사물을 정확하게 사실적으로 바라보려면 적당한 거리를 유지해야 하는 것처럼 관계도 심리적인 거리감을 유지하는 것이 중요합니다.

적당한 심리적인 거리감은 어떤 것일까요?

자신이 주체이고 타인을 객관적으로 바라볼 수 있어야 합니다. 유아에게 심리적 거리감은 연령에 따라 다르며 나이와 단위의 숫자를 관련지어 생각해 볼 수 있습니다. 1세 영아라면 양육자와의 심리적 거리감을 1cm로 4세 유아라면 4cm의 거리감을 유지한다고 가정하면 어떨까요. 유아가 자아 정체성을 형성해 나가는 데 중요한 부분이 될 수 있으며 유아에서 아동으로 성장하면 상황에 따라 유연하고 유동적으로 심리적인 거리감을 조절하는 능력이 형성될 것입니다.

가족 구성원의 관계를 살펴보세요

아이가 엄마를 유독 좋아한다면 아이와 아빠와의 관계를 살펴보세요. 아빠와의 관계가 원만하면 아이와 엄마의 밀착 관계를 개선하는 데 도움이 될 수 있습니다. 구조적 가족치료 창시자 미누친에 의하면 가족 구성원은 삼각관계를 형성함으로써 불안을 회피한다고 했습니다. 엄마와 아이의 공생적 관계와 아빠와의 삼각

관계에 대한 점검이 필요합니다. 삼각관계의 시작은 자아 분화와 관련 있으며 미분화일수록 삼각관계가 형성되는데 탈 삼각관계를 지향하는 것이 바람직합니다.

자아 분화란 정신분석적 개념으로 엄마로부터 분리, 독립하는 자립을 위한 기본으로서 의미가 있습니다.

이렇게 도와주세요

아이가 눈물을 참지 않고 감정을 표현하는 울음에 자유로워지려면 어떻게 해야 할까요?

- 자신의 절제력이 타인의 강요와 필요에 의해서 형성되지 않아야 합니다.
- 건강한 절제력은 감정을 느끼고 표현하면서 상황에 따라 조절 능력이 생겨야 합니다.
- 평소에 표현하는 감정에 대해 반영을 충분히 해줍니다.
- 양육자가 자신의 감정 표현을 자연스럽게 합니다.
- 양육자의 주관적인 기준과 판단으로 옳고 그름을 규정짓지 않도록 합니다.
  예) "우는 건 씩씩하지 않은 행동이야" "말로 하지 왜 울어" "oo이는 잘 참는구나"라는 칭찬은 감정 표현을 억제하는 부정적 효과가 있습니다.

말보다 눈물이 먼저인 아이,
왜 그럴까요?

저희 딸은 7세 여아입니다. 성격이 소심하고 내향적이라 표현이 활발하지는 않습니다. 그래도 말도 곧잘 하고 시간이 좀 오래 걸리기는 하지만 친구들도 잘 사귀는 편입니다. 그런데 아이가 어떤 상황이 되면 말을 하지 못하고 눈물만 흘리는데 대체로 억울하거나 자신의 입장을 설명해야 하는 상황이면 더욱 그런 거 같습니다. 어떻게 도와줘야 할까요?

울음은 또 다른 언어이자 표현입니다

아이가 언어를 습득하면 말을 의사 표현 혹은 교감의 수단으로 사용합니다. 아이가 언어를 습득하기 전에는 울음과 다양한 표정 등으로 자신의 상태를 양육자에게 알립니다. 울음이 최초의 언어라 할 수 있습니다. 그렇다면 영아기 아이와는 어떻게 교감할까요? 양육자는 아이가 '이래서 그럴 거야!'라고 상상하면서 아이의 욕구를 충족시켜주고 돌보게 되는데 이때 중요한 부분이 비언어적 소통입니다.

교감은 언어와 비언어적인 내용을 모두 포함합니다. 바람직한 것은 양육자가 언어가 아닌 것을 언어로 표현해 줄 수 있는 충분한 교감일 것입니다. 그럴 때 비로소 소통이 원활하게 이루어집니다. 아이가 눈물을 뚝뚝 흘리며 바라보고 있습니다. 무엇을 말하고 싶은 것일까요?

비언어적인 표현을 이해하려면 어떻게 해야 할까요?

양육자가 말을 못 하는 영아의 신호를 알아차리기 위해 면밀히 관찰하고 민감하게 살핀다면 영아가 말로 표현하지 않아도 배가 고픈지 잠이 오는지 느끼고 알아차릴 수 있습니다. 영아가 아닌데도 말보다 눈물이 앞서는 아이는 어떤 마음일까요?

부모는 말로 할 수 있는데도 눈물 흘리며 표현하지 않는 아이에 대해 답답한 감정을 느낄 수 있습니다. 그러나 답답함과 화가 나는 감정이 아이의 마음을 느끼기 어렵게 하는 건 아닌지 체크해 보세요. 영아가 아닌 유아라 하더라도 여전히 말보다는 비언어적 표현이 익숙하고 자연스러운 시기입니다. 우는 것도 언어이며 오히려 감정을 담은 전달력이 강한 표현입니다. 울고 있는 아이에게 울지 말고 말을 하라고 다그치는 것은 그 말은 틀렸으니 다른 말을 해보라고 하는 것과 같습니다.

울음은 일시적인 정서적 퇴행이며 유아에게 자연스러운 현상입니다. 아이의 비언어적 신호에 적절하게 반응해 준다면 아이가 감정을 언어화하는 데 도움이 됩니다.

같은 눈물, 다른 의미

영아기 아이의 울음은 그 순간 상태에 따라 다릅니다. 짧고 톤이 높은 울음이 있고, 길게 이어지듯 낮은 톤의 울음도 있습니다. 마찬가지로 유아의 울음도 그 상황에 따라 다를 수 있습니다.

감정이 외부로 터지는 울음

아이가 큰소리로 오열하듯이 운다면 억울하고 화나는 마음이 있을 수 있으므로 일단 감정을 읽어 주면서 어느 정도 진정될 때까지 기다려준 후에 대화를 유도하면 됩니다.
"oo 야!! 무엇인가 네가 생각한 것과 다르구나! 엄마가 잘 들어줄게. 네 생각을 천천히 이야기해 보자"

아이가 생각하는 내용을 평가하지 말고 들어주는 부분에 중점을 두면서 반영해 주면 됩니다. 외향적인 아이는 다소 급하거나 역동적일 수 있어서 분명하고 명확하게 전달하는 직접적인 대화가 더 효과적일 수 있습니다.

감정이 내부로 들어가는 울음

작은 소리로 흐느끼듯이 운다면 속상하고 슬픔을 느끼고 있으며 감정을 드러내고 표현하는 데 어려움이 있을 수 있습니다.

억제되어 있는 감정을 섬세하게 읽어주어야 합니다. 표현되지 않고 내재되어 있는 감정들은 성장하면서 부정적인 영향을 미칠 수 있으며 관계의 어려움 혹은 자신을 스스로 힘들게 하는 원인이 될 수 있습니다. 이때는 아이를 꼭 안아주고 토닥토닥 달래주는 정서적인 접촉이 도움이 됩니다. 내향적인 아이와의 대화는 징검다리를 건너듯이 조심스럽고 신중하게 완급 조절하는 것이 필요합니다.

눈물로 시작해 자신감에 도달하기

우는 아이에게 어떤 위로를 하고 어떻게 반응하는 것이 적절할까요? 어른들도 가끔 굳이 말로 하지 않아도 마음이 통하는 경험을 합니다. 광고 문구 "말하지 않아도 알아요" 처럼 아이가 눈물을 흘리며 말로 표현하는 걸 어려워한다면 먼저 눈물의 의미를 공감해주어야 합니다. 흔히 하기 쉬운 표현으로 "네가 말하지 않으면 아무도 몰라"보다는 "엄마는 oo이가 말하지 않아도 느낄 수 있어"라고 진심이 느껴지는 마음을 전한다면 아이는 자신이 위로와 이해받았다고 느끼게 됩니다.

이는 아이에게 긍정적인 경험이 될 것이고, 내적인 힘이 되어서 서서히 말로 자신의 상황을 알릴 수 있을 것입니다. 어떤 상황에서 자신의 입장을 분명하게 전달할 수 있으려면 자신감과 확신이 있어야 하는데 이때 확신은 자신이 옳다는 확신보다는 내가 틀려도 수용된다는 믿음입니다. 아이가 부모로부터 인정받고 이해받으면서 성장한다면 어떤 경우라도 자신의 입장을 잘 설명하며 더불어 타인의 이야기도 경청하게 될 것입니다.

이렇게 도와주세요

- 상황이 발생한 당시에는 유연하게 대처합니다.
    "말로 하면 되지 왜 울어"라고 하면서 보이는 현상에 반응하기보다는 그때 상황에 대한 내용 위주로 대처합니다. 왜 눈물이 나는지를 설명할 수 있도록 유도해 주면서 아이의 마음속 내용에 관심을 가져봅니다.
- 평소 감정이 안정적일 때 대화합니다.
    어떤 상황에서 즉각적인 대처는 감정이 격해질 수 있으므로 평소에 자연스럽게 대화하면서 아이가 우는 마음에 대해 함께 이야기를 나눠봅니다.
- 내향적이고 감정이 섬세한 아이라면 평소에 감정을 표현할 수 있게 도와주며 공감과 지지로 격려해 줍니다.
- 아이의 이야기를 경청합니다.
    자신의 이야기를 잘 들어주는 사람이 있고 지지 받는다고 느끼면 어떤 상황에서도 말하는 걸 두려워하지 않게 됩니다.
- 놀이를 통해서 아이의 자신감을 키워줍니다.
    예를 들어 책 읽기 놀이를 하는 경우 아이가 선생님이 되어 읽어 주고, 주인공이 되어 주목받을 수 있도록 유도해 줍니다.

예민하고 까다로우면
성격 나쁜 아이인가요?

5세, 6세 연년생 아이들을 키우고 있습니다. 첫째와 둘째는 성격이 정말로 다른데요. 성격 좋다는 소리를 자주 듣는 첫째는 실제로 예민하지 않고 친화력이 좋습니다. 반면에 둘째는 까다롭고 사람들에게 까칠하게 구는 것을 보아 성격이 좀 안 좋은 편인 것 같습니다. 그런데 문득 아이들의 성격을 이렇게 정의하는 게 옳은 것인지 궁금해졌습니다. 또 부모의 특정 성격이 아이에게 유전되는지도 알고 싶습니다.

성격은 어떻게 정의할까요?

성격의 사전적 의미는 "개인이 가지고 있는 고유의 성질이나 품성, 환경에 대하여 특정한 행동 형태를 나타내고, 그것을 유지하고 발전시킨 개인의 독특한 심리적 체계 또, 각 개인이 가진 남과 다른 자기만의 행동 양식으로 선천적인 요인과 후천적인 영향에 의하여 형성된다" 입니다. 이렇듯 성격은 개인의 고유성으로서 있는 그대로 인정하고 존중받아야 하지만, 실제 대인관계에서는 성격에 대해 주관적인 평가를 하게 됩니다.

관계가 힘들어지면 "성격이 이상해! 성격이 나빠" 등의 이유로 갈등의 원인을 성격으로 돌리게 됩니다. 나쁜 성격과 좋은 성격으로 나누는 이분법적 사고는 개인마다 다른 고유성에 위배되는 것이라 할 수 있습니다. 우리의 일상은 비슷하지만 단 하루도 같은 날이 없듯이 성격이 비슷한 사람은 있지만 완전히 일치하지 않는다는 다양성에 대해 이해해야 합니다.

성격 유형을 알아보세요

성격에 관한 이론이 다양하고 학자들의 의견이 분분한 이유도 성격이 인간의 삶에 중요한 영향을 미치고 있기 때문입니다. 성격은 심리학에서도 꾸준히 연구하는 주제이고, 성격검사 Personality tests 와 성격유형 Personality types 은 자신과 타인의 개성 혹은 유사성을 확인하고, 소속을 원하는 현대인에게 관심을 불러일으킵니다.

골드버그 Goldberg 는 다섯 가지 성격 요인이 있다는 것을 밝혀내고, 빅 파이브 Big five 라고 명칭했습니다. 그에 의하면 사람의 성격은 개방성, 성실성, 친화성, 신경성, 외향성 5가지 요소로 분석할 수 있다고 합니다. 개방성은 자신을 둘러싼 세계에 관심이 많으며 변화와 다양성을 즐기는 것을 의미합니다. 성실성은 말 그대로 성실한 정도를 의미하고, 매사에 꼼꼼히 계획하며 신중히 책임을 다하는 것이며, 친화성은 이타적이고 타인을 신뢰하고 편안하며 조화로운 관계를 유지하게 됩니다. 신경성은 정서적 안정으로 예민함과 섬세함을 의미합니다.

마지막으로, 외향성은 타인과의 상호작용을 원하며, 타인의 관심을 끌려는 것으로 에너지의 흐름이 외부 혹은 내부 중 어느 쪽으로 향하는지 그 방향에 따라 결정됩니다.

성격은 평가가 아니고 이해입니다

성격의 유전 여부에 대한 연구는 꾸준히 이어지고 있고, 유전의 가능성에 대해서 많은 학자들이 관심을 갖고 있습니다. 현재까지는 유전이 된다는 가설과 그에 반하는 주장이 있지만 성격은 타고난 기질과 다르게 환경에 영향을 받기 때문에 변화가 가능할 수 있습니다.

멘델이 유전의 법칙을 발견한 것은 유전학에 획기적인 전환점이 되었습니다. 멘델이 150년쯤 전에 완두콩을 통해 유전의 법칙을 발표했을 때는 유전을 연구할 수 있는 기술이 부족했을 텐데, 그토록 위대한 발견이 어떻게 가능했을까요? 특별한 기술이 아닌 지속적이고 세밀한 관찰이 중요한 역할을 했다고 합니다. 사물과 타인에 대한 이해의 시작은 관찰입니다. 관찰은 대상에 대한 관심이 우선 되어야 합니다.

한 사람을 온전히 안다는 것은 힘든 일입니다. 그러나 이해하려는 노력이 마음으로 열려있을 때 평가로부터 자유로워질 수 있습니다.

까다롭고 예민할수록 친구 관계에 대한 관심이 높아

까다롭고 예민하다는 것은 타인에 대한 민감도가 높고, 사물과 자연에 대한 이해가 깊다는 의미이기도 합니다. 인간관계에서 상대의 기분과 감정을 고려하여 반응하다 보니 예민하게 되는 것이고, 오히려 타인과 외부 환경에 대해 둔감하다면 자신이 하고 싶은 대로 의식하지 않고 행동하게 됩니다.

또한 예민하다는 것은 관계 욕구에 대한 섬세한 표현방식이라고 할 수 있습니다. 예를 들어, 아이가 친구와 놀 때 까다롭게 반응한다면 친구와 잘 놀고 싶은데 어떻게 해야 할지 몰라서 보이는 행동으로 감정을 세심하게 느낀다고 볼 수 있습니다. 그러나 표면상으로 보이는 모습이 까다롭고 예민해서 부정적으로 판단하기 쉽습니다. 보이는 것보다 보이지 않은 심리적인 작용과 배경에 대해 아는 것이 중요합니다.

다양한 경험과 긍정적인 환경이 아이의 성격 형성

기질과 성격은 다릅니다. 기질은 타고나는 것이고, 성격은 기질을 토대로 환경에 의해 만들어집니다.

아이의 성격을 파악하는 바람직한 태도는 먼저, 아이에게 제공되는 양육 환경을 면밀히 살펴보는 것입니다.

예를 들어, 부모가 영아를 예민한 아이로 인식해 양육하고 돌보게 되면 아이는 성장하면서 느꼈던 부모의 반응과 태도로 인해 '나는 까다롭고 예민한 아이구나!'라고 자신을 부모의 시선으로 비추어 보게 됩니다.

다소 예민한 기질로 태어난 아이가 환경에 의해 까다로운 아이가 될 수 있습니다. 반대로 예민한 아이라도 부모의 태도가 긍정적이고 안정적이면 아이는 세심함을 강점으로 하는 성격이 형성될 것입니다.

아이가 까다롭고 예민한 성격을 갖고 있다면 돌보는 데 불편한 것이지 나쁘거나 잘못된 것은 아닙니다.

좋은 성격과 나쁜 성격으로 구분하는 것은 적절하지 않고, 어떻게 바라볼 것인가의 관점 문제입니다. 성격은 유아동기에 완전하게 결정되는 것이 아니므로 지속적으로 변화 가능한 유동성에 주목해야 합니다.

말을 잘 하지 않는
아이의 심리는 무엇일까요?

30개월 아들은 말을 잘하지 못하지만, 몸과 소리로 의사 표현을 하기 때문에 소통과 교감이 안 되는 것은 아닙니다. 아이의 몸짓 언어를 받아주다 보니 말을 더 안 하는 걸까요? 아이의 심리가 궁금합니다.

아이의 발달을 체크합니다

발달은 신체와 인지, 정서, 영역별로 구분해서 살펴봅니다. 30개월이면 스위스 교육 심리학자인 피아제 Jean Piaget 의 인지발달 단계에서 전조작기에 해당되며 이 시기의 특징은 언어가 발달되고 직관, 상징, 자기중심적 사고를 합니다. 특징이란 또 다른 의미로 성취해야 할 과업이 될 수 있습니다. 아이의 성장 발달을 체크할 때 주의할 점은 현재 아이의 해당 연령 이전 단계를 충분히 도달했는지 점검하는 것입니다.

　전조작기 전 감각운동기인 생후~2세까지는 예외적인 경우가 아니라면 신체 움직임과 영속성, 공간적 인과관계를 알게 됩니다. 피아제는 언어발달을 인지발달의 부산물로 보았고, 선천 + 후천에 의한 환경 자극으로 상호작용하며 발달해 나간다고 했습니다. 즉, 1단계를 적절하게 통과했다면 환경에 적응하고 대상에 대한 영속성과 일상생활에서 전후 인과관계를 어느 정도 이해할 수 있을 것입니다.

아이는 자신을 이해받길 원해

　아이가 말이 아닌 행동으로 자신의 의사를 표현하면 양육자는 답답한 마음이 들고 염려도 되겠지만 그것보다는 아이의 마음을 알지 못하는 데서 오는 무력감이 더 클 것입니다. 동시에 아이 역시 생각보다 많은 스트레스를 받고 있을 것입니다. 양육자가 무력감을 느끼면 아이는 고립감을 느낍니다. 이 고립감으로 인해 찾아오는 두려움을 표출하는 방식이 행동입니다.

　아이는 그렇게 자신의 상황을 알리고 있는 것입니다. 아이의 정신세계에서는 환상처럼 자신만의 이야기가 펼쳐지고 있는데 아이의 내적 심리 상태가 외부 환경에 연결되어야 접촉이 이루어지고 양육자가 아이의 마음을 알 수 있습니다. 이런 의미에서 피아제의 발달 1단계 영속성이 의미를 갖게 되고, 이때 영속성은 아이의 내면에 있는 양육자의 이미지와 외부에 실재하는 양육자가 일치하게 되는 것을 의미합니다.

아이도 말로 하는 소통 원해

아이가 말보다는 동작과 소리로 소통하는 것을 선호하는 것처럼 보여도 사실, 아이가 원하는 것은 분명합니다. 현재 아이는 말이 통했을 때 경험하는 즉각적인 정서적 교감과 소통이 부족하지만 그럼에도 아이에게는 나를, 내 마음을 알아주는 소통과 안정감이 필요할 것입니다.

말로 묻고 말로 요구하는 양육자를 보면서 아이는 어떤 느낌을 받을까요? 아이가 마음을 표현하길 바라는 양육자의 절실한 심정이 감각으로 아이에게 전달되겠지만, 아이는 양육자와는 사뭇 다른 또 다른 수준에서 말하기 힘든 상태일 것으로 추측해 봅니다. 아이의 몸짓을 이해 도구로 충분히 활용하면서도 언어화하려는 성급한 교육적 접근과 진행은 주의해야 합니다.

양육자와 아이가 원하는 것이 같아도, 달라도 서로 초점이 맞지 않는 상황에서 양육자를 모방하고 싶어도 잘 안되어 어려움을 경험하고 있는 아이에게 무엇이 도움이 될지 아이의 입장이 되어 신중하게 판단해야 합니다.

아이를 어떻게 도와주어야 할까요?

우선 아이의 정신세계를 이해하기 위한 태도가 중요합니다. 어떻게 하면 환상적이며 주관적인 아이의 세계를 간접 경험할 수 있을까요?

아이가 선호하는 놀잇감과 놀이 형태에 그 단서가 있습니다.

예를 들어 아이가 공룡을 좋아한다면 공룡을 이용한 놀이를 어떻게 하는지 살펴보고, 전개되는 내용을 걱정이 아닌 애정 어린 마음으로 지켜보면서 적절하게 동참하는 것이 좋습니다. 양육자가 아이의 말하지 않는 점, 언어의 기능적인 면에 갇히면 아이가 보내고 있는 마음의 신호를 놓칠 수 있으니 아이의 정서를 좀 더 느끼려는 태도를 유지하길 바랍니다.

지금은 무엇보다도 아이의 특성이 문제라는 인식보다는 마음의 여유와 유연한 사고가 도움이 됩니다.

소극적인 아이는
자존감이 낮을까요?

매사 소극적이고 내향적인 아이는 적극적이고 활발한 아이에 비해 상대적으로 자존감이 낮을까요? 아이의 기질을 인정하려고 노력하지만 외향적이고 주도적인 아이가 부러운 것이 사실입니다.

자아 존중감은 기질과 별개입니다

자아 존중에 대한 욕구는 본능적입니다. 미국 심리학자 버지니아 사티어 Virginia Satir에 의하면 자신에게 가지는 애착, 존중, 사랑, 신뢰의 기본 욕구가 충족될 때 자기 가치와 자아존중이 학습되고 발전된다고 합니다.

즉, 사랑과 인정을 받고자 하는 욕구와 자기 존중에 대한 욕구는 원초적이고, 이 욕구는 인간 생애 초기의 가족구조와 부모·자녀 관계가 가장 큰 영향을 미친다고 할 수 있습니다.

자아를 형성하는 데 타인의 평가 필요

자기 가치감에 대해 알아봅니다.

타고나는 기질은 평가의 기준이 아니라 이해의 영역입니다. 또, 자아 존중감은 기질로 판단할 수 없고, 정서 발달의 지표로서 의미가 있습니다. 자신을 스스로 가치 있는 존재로 인식하는 자기 가치감을 갖기 위해서는 개인의 고유한 정서가 발달하는 과정에서 타인의 평가와 소통 방식, 환경적인 요인 등이 중요합니다. 타인의 평가는 자신을 이해하고 자아를 형성해가는 데 필요한 요소로서 적절한 경우에 공감 능력과 관대함, 포용력을 키울 수 있습니다. 반대로 부적절한 평가는 외부의 시선을 의식하고, 평가에 민감해질 수 있으며 결과적으로 자존심이 강해지기도 합니다.

자존심과 자아 존중감은 비례하지 않아

자존심과 자아 존중감은 구별됩니다. 이 둘은 스스로를 존중한다는 의미에서 유사하지만 이때 존중의 의미는 다릅니다. 자아 존중감은 상황에 관계없이 스스로에 대한 존중이 확고하지만, 자존심은 상대방의 평가를 통해 자기 만족감을 얻고 유지하는 것입니다. 그래서 평가가 만족스럽지 않을 때 '자존심 상한다'라고 표현하게 됩니다.

자존심이 높다고 자아 존중감도 높다고 볼 수는 없고, 어느 면에서 자아 존중감이 높으면 자존심은 상대적으로 낮게 반비례 형태로 나타날 수 있습니다. 스스로의 가치에 대한 확신이 있다면 상대의 평가에 덜 예민하기 때문입니다.

자아 존중감은 어떻게 형성될까요?

실수와 잘못을 허용합니다.

유아동의 자존감 형성을 위해서는 무엇보다도 부모의 양육 태도가 중요한데 지나치게 엄격한 훈육으로 실수를 허용하지 않으면 아이는 실수하고 잘못할까 봐 조마조마한 마음 상태로 생활하게 됩니다. 긴장하고 눈치를 살피는 정서로는 자존감을 키울 수 없을 것입니다. 그럼에도 잘못에 대한 바른 훈육은 필요합니다. 잘잘못을 가리고 일관성 있게 상벌을 적용해야 자존감을 키우는 데 도움이 됩니다. 소극적이고 내향적인 기질은 경우에 따라 다소 불편할 수는 있지만 세상을 살아가는 하나의 방식이지 문제가 되는 것은 아닙니다.

아이 모습 그대로를 사랑해 줍니다. 아이는 무조건적으로 사랑받을 때 내면의 힘이 자랍니다. 아이가 활발해서, 공부를 잘해서 등 이유와 조건이 있는 사랑은 표면적으로는 사랑받고 자존감이 높은 듯 보일 수도 있지만 사실상 자존심을 높여주는 것이고, 이는 내면의 힘을 발휘해야 하는 힘든 상황에서는 모래성처럼 부서지게 됩니다.

건강한 의사소통이 자존감 동반 상승 요인

부모의 자존감이 아이 정서에 영향을 미칩니다. 대체로 부모가 자존감이 높아야 아이의 자존감이 높다고 생각하지만 반드시 그렇지는 않습니다. 부모의 자존감은 세부적인 내용, 사고 행동 방식까지 포함해서 아이의 정서에 영향을 준다고 보는 것이 적합할 것입니다. 아이가 부모로부터 긍정적인 영향을 받으면 자연스레 자존감이 높아질 것입니다. 가장 중요한 점은 소통 방식일 수 있습니다. 부모와 아이가 건강하게 의사소통하면 자존감이 동반 상승할 수 있습니다.

부모 마음 부정적이면 아이 자존감 낮아져

양육자의 반사가 중요합니다. 기질이 내향적이라서 자존감이 낮은 것이 아니라 내향적인 아이를 바라보는 양육자, 부모의 마음이 부정적일 때 자존감은 낮아집니다. 아이들은 부모의 눈빛에서 사랑, 존중, 신뢰를 느끼게 됩니다. 부모가 아이를 걱정과 불만스러운 시선이 아닌 애정 어린 마음을 담아 바라보면 아이는 사랑받고 있다고 느끼고, 정서가 안정될 것입니다.

안절부절 걱정이 많은 아이,
어떻게 도와야 할까요?

7세 남자아이인 저희 아이는 걱정이 많습니다. 걱정하는 걸 제외하면 평소 특별히 문제가 있지는 않습니다. 뉴스에서 사고 관련 기사를 보거나 자연재해 등 재난 뉴스를 접할 때도 지나칠 만큼 걱정하고 두려워합니다. 엄마가 다칠까 봐, 아플까 봐 신경 쓰고 조금만 아파도 초조해하면서 불안해합니다. 어떻게 도와줘야 할까요?

걱정은 언제 하게 될까요?

사람들은 흔히 걱정을 합니다. 자신이 생각하는 대로 되지 않을까 봐 혹은 자신이 우려하는 일이 발생하게 될까 봐 불편한 마음을 느낍니다. 걱정의 사전적 의미는 "안심되지 않아 속을 태운다"인데 이는 안정되지 않은 불안정한 정서 상태를 의미하기도 합니다. 표면 위로 나타난 걱정하는 행위보다 표면 아래 행위를 조종하는 불안정한 정서 상태에 대해 아는 것이 아이를 도와줄 수 있는 방법입니다.

걱정의 단짝은 '불안'

단짝 친구는 서로 잘 알고 서로에게 없어서는 안 되는 존재입니다. 그래서 서로 의존하는 관계이기도 합니다. 그런 단짝 친구처럼 걱정에게 불안은 꼭 필요하며 불안이 없는 걱정은 생명력이 짧아서 곧 사라지거나 현명한 판단으로 인해 해결되기도 합니다. 걱정이 확장되고 강화되게 적극적으로 돕고 있는 것이 불안이라고 생각한다면 불안에 대한 세심한 관찰과 이해, 관리가 필요합니다. 걱정이 없다면 불안도 사라지게 될 테니 걱정거리를 없애면 불안을 잠재울 수 있을까요?

아주 명쾌한 답처럼 느껴지지만 함정에 빠질 수 있습니다. 예를 들어 불안은 바다, 걱정은 바다 위에 떠 있는 배라고 비유해 볼까요. 배를 튼튼하게 만들고 장비를 충분히 갖추었으니 항해하는 데 안전할 거라고 생각할 수 있고 어느 정도는 설득력이 있습니다. 그러나 바다의 상황이 어떤가에 따라 배의 안전한 항해가 결정될 것입니다. 튼튼한 배라면 안전을 유지하는 데 도움이 되겠지만 그것보다도 배가 떠 있는 바다의 상황이 우선으로 중요합니다. 걱정거리를 없애는 것보다 정서의 안정, 불안 조절이 선행되는 것이 바람직합니다.

아이가 걱정할 때 어떻게 반응해야 할까요?

#하지 말아야 하는 반응

- 무슨 그런 쓸데없는 걱정을 해
  예) "엄마, 홍수가 나면 다 죽는 거야?" "홍수 날 일 없으니 걱정하지 마"

아이는 정말 궁금해서 물어보는 것이고 사실을 알고 싶어 합니다. 홍수가 일어난다면 국가 차원에서 안전하게 대처할 수 있다는 근거 있는 믿음과 확신을 주어야 합니다.

- 그런 건 지금 몰라도 되니 신경 쓰지 마

걱정과 불안은 사실과 실체를 아는 것이 중요하므로 막연하게 답을 하거나 다음으로 미루는 것은 오히려 부정적 효과가 발생하며, 무조건 긍정적인 답을 주는 것도 도움이 되지 않습니다.

- 너 그렇게 하면 진짜 그럴 수도 있어

불안을 부추기는 반어적 표현은 삼가야 합니다. 예를 들어 "엄마 아프면 죽을까 봐 걱정하면 엄마 진짜 아플지도 몰라"라는 표현은 아이의 걱정을 멈추게 하려는 의도이지만 사실은 협박과도 유사하며 더 큰 불안으로 이어지게 됩니다.

해야 하는 반응

- 걱정하는 내용을 충분히 들어 줍니다.
- 과장도 축소도 아닌 적당한 답을 해줍니다.
- 자신이 부적절한 질문을 한다는 느낌이 들지 않도록 존중해 줍니다.
- 죄책감이나 수치심을 주지 않도록 섬세하게 살펴줍니다.
- 가능하면 부드러운 표정과 목소리로 안정감을 느낄 수 있게 합니다.

이렇게 해보세요

아이가 좋아하는 인형들을 이용해 역할극을 하면서 걱정이 많은 캐릭터를 설정하여 아이가 자신의 마음을 대신 표현하는 수단으로 취하게 도와줍니다. 아이가 캐릭터의 이름을 직접 짓고 돌봐 준다면 자기 스스로를 돌보는 보상이 되어 아이의 불안정한 정서에 도움이 될 수 있습니다.

아이가 걱정을 못 하게 막거나 차단하는 것은 도움이 되지 않습니다. 자연스럽게 자신의 걱정을 드러내도록 도와주어야 합니다. 양육자가 정말 걱정해야 하는 것은 아이가 자신의 불안한 감정을 표현하지 못하고 담아두는 것입니다. 이는 이후 또 다른 문제가 발생할 수 있는 씨앗을 심어두는 것과 같습니다. 걱정하는 불안한 마음은 숨기거나 참는 것보다 표현돼야 합니다.

아이가 진심으로
웃는 것이 맞을까요?

3세 아들이 실컷 놀고 나서 '장난감 정리하자'라고 하면 자꾸 웃으면서 윙크를 해요. 애교가 귀여워서 함께 웃기는 하는데 한편 너무 봐주는 것이 아닌가 싶어요. 이렇게 웃는 것도 괜찮을까요?

3세 아이에게 엄마는 어떻게 보일까요?

   3세 이전 아이 눈에 비치는 엄마는 거대합니다. 내가 원하는 것을 뚝딱 만들어 내거나, 내가 하고자 하는 것을 막고, 차단하기도 하는 엄마는 절대적인 존재입니다. 그래서 아이는 엄마만 바라보고, 엄마만 있으면 되고, 엄마가 없으면 안 되는 것처럼 행동해서 껌딱지라고 표현하기도 합니다. 엄마라는, 전능적인 존재 앞에서 아이는 어떻게 하면 잘 보이고, 나를 좋아하게 할까 의식하지 않은 채 방법을 찾아갑니다. 물론, 절대적인 존재가 자신을 해하지 않게 스스로를 보호하려는 본능도 포함합니다.

아이는 자신이 무엇인가를 할 때 '안 돼'라는 엄마의 표현이 자신을 공격하거나 해한다고 느낄 수 있습니다. 그런 이유로 형성하는 것이 방어기제라 할 수 있습니다.

*방어기제 : 두렵거나 불쾌한 정황이나 욕구 불만에 직면하였을 때 스스로를 방어하기 위하여 자동으로 취하는 적응 행위로 도피, 억압, 동일시, 보상, 투사, 등이 있는데 적응적이라는 부분에 주목해야 합니다. 영유아는 생명 본능으로 인해 자신이 살아남아야 하는 세상과 나를 돌보는 양육자에게 적응적인 행위를 하게 됩니다. 본능에 반응하는 행동은 부정도 긍정도 아니지만, 형성된 방어기제를 어떻게 사용하는가에 따라 부정도 긍정도 될 수 있습니다.

아이의 웃음은 방어기제

방어기제는 아이가 세상에 적응하며 살아가기 위한 필수 행동입니다. 관계와 상황에 따라 어떻게 하면 자신이 가장 안전할 수 있는지 경험을 통해 터득하게 됩니다. 피할 것인지, 공격할 것인지, 억누를지 등 마음과 정신의 흐름이 다양하게 나타나는데 보통 심리학에서는 승화나 동일시 정도를 비교적 안전한 것으로 평가합니다. 여기서 승화란 어떤 현상을 더 높은 상태로 발전시키는 일 또는 자기 혼자만 가지고 있던 용인되지 않은 생각 혹은 동기를 인간 집단에 표출하여 모두가 납득할 만한 동기로 진전시키거나 바꾸는 일입니다. 동일시는 다른 개인이나 집단의 특징을 자신의 것과 동일하게 여기는 정신적 조작입니다.

 이 밖에 질문자의 아이처럼 웃으면서 상대의 기분을 통제하려는 것 역시 일종의 방어기제라 할 수 있습니다. 내가 웃으면 엄마가 따라 웃거나 화를 내지 않는다는 것을 경험했다면, 비슷한 상황이 되거나 때론 요구하고 싶은 것이 있을 때도 웃으면서 설득하려고 할 것입니다. 아이의 웃거나 윙크하는 모습은 그 행동 자체가 누군가를 불편하게 하거나 잘못된 행동이라 보기는 어려워서 양육자가 부주의할 수 있습니다. 오히려 잘 웃는 모습을 칭찬하거나 아이의 장점으로 부각시키면 상황 대처를 웃음으로 하는 기제가 강화될 수 있습니다.

웃음이 가면이 되지 않도록 마음으로 웃어야

 진짜 기쁨과 행복으로부터 나타나는 웃음을 가리키는 말로, 뒤센 미소라는 단어가 있습니다.
 사람이 미소를 지을 때 광대뼈와 입술 가장자리를 연결하는 협골근과 입술 가장자리의 구륜근을 주로 사용하지만 진짜 웃음은 다른 근육과 함께 눈 가장자리 근육인 안륜근을 사용하게 됩니다. 심리학자 폴 에그만은 이 사실을 처음 밝혀냈고, 19세기 신경심리학자 기욤 뒤센의 이름을 따 진짜 미소를 뒤센 미소라 합니다. 이와 반대되는 가식적인 미소가 팬암 미소라 할 수 있습니다. 뒤센 미소와 팬암 미소는 빛과 그림자처럼 대비되는 현상입니다. 필요에 의해 의도하고 웃는 웃음이 익숙해지면 습관처럼 기계적으로 웃게 되므로 아이의 다양한 의미를 담은 웃음에 반응하는 엄마, 부모의 태도가 중요합니다.

지나치게 과장되거나 과한 표현은 하지 말아야 합니다. 또, 아이에게 엄마 아빠의 웃음이 어떻게 보일지도 살펴야 합니다. 무엇보다 중요한 점은 아이의 연령에 맞게 의사소통이 잘 이루어지면 굳이 웃음으로 원하는 것을 얻으려 하지 않을 것입니다. 아이 눈에 비친 거대한 엄마가 일방적이거나 통제적이라면 높고 단단한 벽처럼 느껴지지 않을까요?

엄마에게 다가가는 길을 벽 때문에 만들 수가 없어서 돌아가는 방법을 택했을 것입니다. 그것이 웃음이 아닐까 생각합니다. 아이와 엄마 사이에 마음의 길이 열리면 의사소통은 다양한 방식으로 할 수 있게 됩니다. 벽을 허물거나, 문을 만드는 것이 뒤센 미소를 지을 수 있는 방법입니다. 팬암 미소가 가면이 되지 않도록 아이와의 소통을 위해 마음이 오고 갈 수 있는 길을 만드시길 바랍니다.

타고난 기질을 탓하기보다는 자신만의 특성으로 이해하는 게 중요

1부는 아이의 타고난 기질로 인한 정서와 행동 특징에 관련된 엄마들의 고민에 대한 내용이다. 제시된 내용 외에도 고집이 세거나 욕심이 많은 경우 등 양육에 어려움을 겪을 수밖에 없는 소재라 엄마들의 질문이 많았던 것 같다. 유심히 보면 질문에는 공통적인 부분이 있는데 엄마의 양육 태도에 고정관념이 영향을 미친다는 점과 우리 아이와 다른 아이를 비교하면서 '좋다' '나쁘다' '맞다' '틀리다'라는 결론을 내리며 대응한다는 점이다. 후자의 경우는 객관적인 시각을 갖고자 하는 의도가 있다고 여겨지지만 상호적이지 않은 주관적인 입장이 각각을 인정하기보다는 한쪽 편이 우세하고 다른 한편이 밀리는 것으로 인식하는 것 같다.

객관성은 상호성을 전제로 했을 때 편향을 견제할 수 있다. 윌프레드 비온은 A의 심리적인 요소가 B에게 담기고 B의 심리적 요소가 A에게 담긴다는 의미로 상호주관성을 강조했다. 아이의 기질은 남의 평가에 의해 정의될 수 없다. 타고난 것은 '나'라는 사람의 정체성을 만들어가는 기본 틀인데 만약 부정되어지거나 왜곡된다면 첫 단추를 잘 끼울 수 없다.

양육자는 아이가 타고난 것을 고민하지 말고 그것을 어떻게 다듬고 돌봐서 자신만의 살아가는 방법을 터득하게 할 것인가에 주목해야 한다. 그 방법을 찾기 위한 시작이 질문인 것이다.

양육자의 질문은 아이의 심리적으로 힘든 요소를 담아 소화하는 것으로 그 노력은 새로운 에너지로 전환되어 아이에게 전달될 것이다.

2부 아이의 특별한 버릇

양치질을 하지 않으려고 하는
아이의 심리는?

저희 딸은 네 살입니다. 이전에는 양치질을 하자고 하면 바로바로 잘했는데 지금은 대답도 잘 안 하고, 몇 번씩 말을 해도 듣지 않습니다. 어떻게 해야 할까요?

아이는 놀고 싶고, 엄마는 교육을 하고 싶습니다

유아를 양육하는 부모는 아이에게 알려주고, 가르치는 모든 일에 교육적인 마음을 담을 수 있습니다. 반면에 아이는 단순하게 사고하고 보이는 대로 경험하게 됩니다. 이런 차이가 양육의 방향성을 잃게 할 수 있는데 아이는 그냥 놀고 싶고, 부모는 교육적으로 놀기를 바라기 때문입니다.

일상생활에서 습관을 만들어야 하는 행동은 좀 더 힘을 주어 강조하다 보니 오히려 역효과가 나기도 합니다.

"밥을 먹을 때는 꼭 앉아서 먹어야 해, 양치질은 시간을 지켜서 해야 돼. 안 그러면 충치가 생겨, 책은 제자리에 두어야 해" 등 꼭 해야 한다는 표현은 이제 습관을 만들어가는 유아에게 무거운 짐처럼 부담을 줍니다.

더욱이 자기중심으로 세상을 바라보는 4세부터 7세까지의 유아는 지시하고 통제하는 방식에 반발하게 됩니다.

말을 듣지 않는 것이 아니라 자기의 생각이 분명해지는 것

4세 이전의 유아는 자신이나 타인에게 중심을 두는 것이 아니라 현상을 있는 그대로 보고 듣고 느끼기 때문에 순응적으로 행동하는 모습이 말을 잘 듣는 것처럼 보일 수 있습니다. 이는 자신과 타인의 생각이 구분되지 않기 때문이고, 말을 잘 듣는 행동이라기보다는 밤이 되면 자고 아침이 되면 깨어나는 것처럼 자연스러운 모습입니다.

4세부터 자신을 주체로 사고하면서 타인의 생각에 따르고 싶지 않기 때문에 고집을 피우거나 말을 듣지 않는 것처럼 보일 수 있습니다. 말을 듣지 않는 것이 아니라 자기의 생각이 분명해지는 것입니다.

이 시기가 되면 양육하는 데 다소 어려움이 있지만, 성장하면서 이타적인 태도를 갖추기 위해서는 지금이 중요합니다. 유아의 발달 단계에 대한 이해가 필요하고, 말을 안 듣는다고 혼을 내거나 강제로 행동하게 만드는 방식은 주의해야 합니다.

어떻게 하면 아이와 잘 놀 수 있을까요?

아이가 양치질할 시간인데 하던 놀이를 더 하겠다고 하거나 이것만 하고 양치질을 하겠다는 일은 흔히 있습니다. 이럴 때 '양치질을 하고 놀아라'라고 하거나 '놀이 시간이 끝났다'고 양치질에 초점을 맞추는 것이 규칙적인 습관을 만드는 데 도움이 될까요? 양치질은 빠뜨릴 수 없는 하루 일과라서 빨리 마치고 다른 일상으로 넘어가야 되기 때문에 채근하기도 합니다.

양치질과 아이의 현재 마음 중 무엇이 우선이 돼야 할까요? 좋은 규칙은 그 규칙을 수행해야 하는 사람의 마음을 바탕으로 세워져야 합니다. 물론, 아이가 원하는 대로 무조건 맞춘다는 의미는 아닙니다.

엄마: 지금 무슨 놀이 중이야?
아이: 소꿉놀이인데 지금 놀러 가려고 해요.
엄마: 아 그래서 놀이를 멈추기가 어렵구나.
　　　그 놀이 엄마도 하고 싶은데 끼워 줄래?
아이: 좋아! 그럼 엄마가 아이 해요.
엄마: 그럴까? 엄마 하던 일 마무리하고 우리 함께 놀까?
엄마: 그런데 ○○이도 할 일이 있지 않니?
아이: 지금 양치질해야 하는 시간이야!
　　　엄마는 무슨 할 일이 있어요?
엄마: 우리 ○○이 양치질 하는 것 도와주는 일, 우리 할 일 하고 5분 뒤에 여기서 다시 만나서 놀이하자.

이와 같은 대화가 아이와 함께 잘 놀 수 있는 방법의 예시입니다. 양치질에 초점을 두지 않고 지금 아이의 마음과 기분을 충분히 고려하면서 동시에 양치질할 시간이라는 규칙도 다시 알려주면 아이가 원하는 놀이와 엄마가 바라는 교육이 적당하게 타협을 이룰 수 있습니다.

아이에게는 자신이 할 일을 하면 엄마와 놀게 된다는 경험이 좋은 습관을 만들어 가는 데 긍정적인 에너지가 됩니다.

엄마는 하루의 일과가 계획대로 잘 진행되어야 시간과 마음의 여유가 생기기 때문에 해야 하는 일이 우선되지만, 그렇다고 아이의 마음을 모르는 것은 아닙니다.

얼핏 엄마와 아이의 마음이 다른 것 같지만 엄마는 여유를 통한 안정을, 아이는 재미와 즐거움을 느끼면서 안정된다는 점에서 비슷할 수 있고 엄마의 안정된 정서가 아이에게 직접적으로 영향을 미치게 됩니다.

주목해야 하는 부분은 계획대로 일과를 마치는 일보다 아이 마음의 속도에 맞추는 것이 지금과 다음을 위해서 더 중요하다는 점입니다.

규칙은 자연스럽게 적용해야

꼭 지켜야 하는 생활 습관은 더 강조하거나 습관처럼 반복적으로 표현하기 마련입니다. 아이가 같은 표현을 반복적으로 듣게 되면 감각이 무뎌지거나 반발심이 생기게 됩니다.

상황에 따라 단어나 억양을 바꿔보는 것도 도움이 되고, 엄마의 감정 상태에 따라 아이에게 전달되는 느낌이 다를 수 있다는 점도 유의해야 합니다.

좋은 습관을 만들기 위해서는 일상 속에서 자연스럽게 경험하고 익숙해지는 것이 필요하고, 강조하면 할수록 규칙은 불편해집니다.

아이가 양치질을 안 하려고 한다면 엄마의 강요와 통제에 대한 거부감일 수 있습니다. 규칙은 자연스럽게 적용해야 생활 속에서 자리를 잡을 수 있습니다.

씻는 것을 싫어하는 4세 아이,
어떤 심리일까요?

이제 저희 아이는 네 살이 되었는데도 씻는 것을 싫어합니다. 이유를 알면 좋을 텐데 왜 씻는 것이 싫은지 아이에게 물어봐도 그냥이라고만 답합니다. 정확한 이유를 알 수 없어서 답답합니다. 저녁이 되면 실랑이를 하느라 아이는 아이대로 힘들고, 저는 저대로 지칩니다. 어떻게 하면 좋을까요?

가볍게 지나친 지점에 숨겨진 '중요한 단서'

아이가 씻는 것을 싫어한다면 이유가 있을 것입니다. 4세 아이라면 자신이 경험한 감각적인 느낌을 언어화하기는 어렵기 때문에 부모가 아이의 단편적인 표현들을 통해서 유추하며 원인을 찾아야 합니다. 감각이 예민한 아이에게 섬세하지 않은 양육은 시간이 지날수록 다양한 형태의 문제가 발생할 수 있습니다.

예를 들어 목욕물 온도, 샤워기 물의 강도, 빛의 밝기 정도, 목욕 전후의 온도 변화, 목욕 세정제 등을 세심하게 살펴야 합니다. 출생 후 1년 동안의 양육 환경은 아이에게 대단한 영향을 미치게 되는데 이때 경험한 돌봄의 내용으로 이후 수면, 섭식, 배설의 습관을 만들어 가게 됩니다.

영아기 아이는 자신의 상태를 비언어적인 사인으로 보내기 때문에 울음소리, 표정, 눈빛 등을 살펴야 하고 심리적 긴장감이 몸의 경직 정도로 나타날 수 있습니다. 아이가 씻는 것에 대한 불편함을 호소한다면 원인을 찾는 것도 중요하지만 바르게 교정하기 위한 딱딱한 훈육 및 교육은 자칫 스트레스를 더 받을 수 있습니다. 다시 처음부터 시작한다는 마음으로 습관을 만들어가는 것이 필요합니다.

양육자가 하지 말아야 하는 표현과 행동은 무엇일까요?

- 다른 아이들은 다 잘 씻는데 너는 왜 그래?
- 안 씻으면 냄새난다고 친구들이 싫어해.
- 안 씻으면 벌레 생긴다.
- 씻고 나면 네가 원하는 것을 해줄게.
- 빨리 씻고 텔레비전 볼까 등의 표현과 과도한 행동은 삼갑니다.

위와 같은 표현은 자신이 잘못하고 있다고 느껴 성장하면서 자책과 수치심, 자기 비난으로 이어질 수 있습니다.

또, 아이는 엄마가 원하는 것을 하지 않았기 때문에 엄마가 자신을 미워하거나 사랑하지 않을 거라는 왜곡된 생각을 하게 됩니다. 양육자의 과도한 표현과 행동은 아이가 자신의 힘든 마음을 숨기거나 오히려 짜증을 내고 거부하는 과잉 반응으로 나타날 수 있습니다.

아이는 자신의 마음과 정서가 불편하고 힘들다는 것을 자유롭게 표현할 수 있어야 합니다. 강하게 훈육하거나 아이의 표현을 충분히 수용하지 않으면 지속 가능한 좋은 습관을 만들기 어렵습니다. 바람직한 습관을 만들기 위해서 가장 중요한 것은 무엇일까요? 양육자가 수용적 공감의 태도로 아이와 교감해야 합니다.

이렇게 해볼까요

아이가 마음을 언어로 표현하기 어렵다면 역할놀이를 통해서 아이의 속마음을 들여다볼 수 있습니다. 평소에 아이가 좋아하는 인형이나 물건 등을 활용하는 것이 좋습니다. 아이에게 애착 인형은 자신을 대변하기 때문이고, 물활론적 사고를 하는 유아에게 적절한 접근이 될 수 있습니다.

물활론적 사고란 모든 물질이 본질적으로 활력, 생명력, 운동력을 근원으로 하고 혼을 가진다고 보는 세계관의 하나로 철학적 개념으로 아이들이 무생물이 살아있다고 느끼거나 실제처럼 대화하는 것입니다. 유아에게는 상상력을 키울 수 있는 수단으로 성장하면서 차차 자연스럽게 상상과 현실을 구분하게 됩니다.

역할놀이는 놀아준다 생각하기보다는 자연스럽게 함께 논다고 생각하면 됩니다. 다만 아이가 주도적으로 이야기를 만들어가는 것이 중요합니다. 아이가 인형을 선택하고 상황을 설정하는 것은 자신의 정서를 반영하는 것으로 마음의 사인을 읽을 수 있는 단서가 됩니다. 역할놀이 중간중간에 양육자의 적절한 질문은 아이 마음의 문을 열어 줄 수 있습니다.

주의해야 할 점은 역할놀이를 하는 동안 아이를 대변하는 인형을 통해 아이 문제를 해결하려는 것인데 역할을 맡은 인형의 행동을 수정하거나 잘못된 부분을 바로잡는 것은 적절하지 않습니다. 역할놀이는 기승전결 구조나 긍정적인 마무리를 필요로 하는 것은 아닙니다. 아이가 작가가 되어 써 내려가는 동화에 기꺼이 조연으로 참여하면 그것만으로 충분합니다. 놓치지 말아야 할 점은 역할극에서 아이를 대변하는 인형에게 이름을 지어주고 놀이상황과 현실에서 공존하도록 존재감을 부여하는 것입니다. 인형의 이름이 '희망'이라면 실제 상황에서 아이가 씻기 싫어할 때 "희망이도 씻기 싫어했지? 희망이가 지금 OO이의 마음을 잘 알 거야" "지금 희망이가 OO이와 함께 있다면 무슨 말을 할까?"라고 대화를 유도하면 도움이 될 수 있습니다. 아이의 또 다른 모습인 '희망'이가 필요에 따라 자유롭게 등장하면서 역할을 하도록 환경을 만들어주면 아이의 정서가 유연하게 이완될 것입니다.

바른 습관을 만들어가는 데 아이의 안정된 정서는 필수입니다. 정서의 안정은 즐거운 놀이를 통해 형성될 수 있으므로 역할놀이를 잘 활용하시길 바랍니다.

잠자는 것이 억울한 아이의
심리는 무엇일까요?

네 살인 여자아이입니다. 밤에 자야 할 시간이 되면 자기 싫어하고 억울해하는데 자야 하는 이유를 설명해줘도 소용이 없어요. 어떻게 해야 할까요?

아이가 정말 억울한 것이 무엇일까요?

발달심리학자이자 아동 정신분석가인 에릭 에릭슨의 심리사회적 발달과정을 보면 4세는 주도성을 획득하는 단계로 자신이 할 수 있는 것과 할 수 없는 것의 한계를 알아가게 됩니다. 자신의 능력에 한계를 짓는 것은 무언가를 시도하고 도전하면서 성공과 실패를 통해서 가능합니다.

4~5세 무렵의 아이들은 무엇이든 내가 하겠다고 앞서지만 잘 안돼서 좌절하는 경우가 많아 주도성과 동시에 부정적인 행동도

발달합니다. 소리를 지르거나 물건을 던지고 때리는 등 어른의 시각으로 보면 막무가내로 행동하는 것처럼 보이지만 주도성을 기르기 위해 겪을 수밖에 없습니다. 즉, 잠을 안 자고 싶은 아이가 억울한 이유는 자기주장을 내세운 주도성이 거절된 좌절감 때문입니다.

아이에게는 일종의 명령으로 느껴질 수도

아이의 억울하다는 표현이 부당함에 대한 감정이라면, 아이 생각으로는 노는 것, 깨어있는 것이 당연하고 그러고 싶다는 의미입니다. 그렇기 때문에 설명을 해줘도 소용없을 것입니다. 내가 원하는 것을 못 하게 하는 것에 대한 저항이기도 합니다.

즉, 잠을 안 자고 싶은 마음의 이면에는 내가 원하는 대로 되지 않은 데서 오는 불만이 있을 것입니다. 매일 밤 양육자의 자야 한다는 지시는 자기 주도적으로 행동하고 싶은 아이에게는 일종의 명령으로 느껴질 수도 있습니다.

아이가 결정해서 안 자려고 하는 것과 자야 한다는 양육자와의 갈등과 충돌은 아이에게는 실패를 경험하는 것으로 결국, 죄책감으로 이어지게 됩니다. 다시 말해 자신의 주도적인 행동이 원하는 결과를 내지 못하는 좌절로 죄책감을 느끼게 된다는 의미입니다. 건강한 주도성을 획득하지 못하면 정서적으로 죄책감이 우세한 성격으로 성장하게 됩니다.

좌절의 경험을 피하기보다는 격려에 중점을 둬야

　주도성을 획득하는 데 피할 수 없는 좌절을 잘 다루는 방법은 지지와 격려입니다. 다소 무모해 보이는 도전이더라도 시도하는 태도를 격려해야 하고, 응원해 주는 것이 좋습니다.

　실패와 좌절을 견디고 다시 도전하는 힘은 격려와 지지를 받았을 때 생성됩니다.

　반대로 잘 안 될 거라는 생각에서 아이가 도전하는 것을 막는다면 성취도 없을 것입니다.

　신발을 혼자 신는 것, 혼자 밥을 먹는 것, 옷을 입고 단추를 끼우는 것이 처음에는 잘 안되더라도 반복해서 하다 보면 실패하더라도 시도하는 과정에서 발달이 이루어집니다. 다만, 관심과 더불어 공감·위로·응원이 전제되어야 합니다.

　이렇게 자조활동과는 다르게 질문 내용처럼 수면과 관련된 문제는 아이의 발육과 신체 성장에 영향을 줄 수 있어서 양육자가 예민해질 수 있지만 주도성이라는 맥락으로 보면 원리는 같습니다.

　지지와 격려를 받은 아이는 한계를 짓느라 경험했던 실패를 감당할 것이고, 자신이 할 수 있는 것, 해낸 것에 자부심을 느낍니다. 또, 지금은 할 수 없는 것을 다음으로 미루는 유연함을 발휘하고, 다음으로 미루는 과정에서 포기할 줄 아는 의연함도 성취할 수 있을 것입니다. 심리가 발달한다는 것은 자신이 자신을 알 수 있는 힘을 키우는 것과도 같습니다.

놀이, 또래 관계 등 현실적인 부분도 살펴봐야

발달과 심리적인 부분을 충분히 고려했다면 현실적인 부분도 살펴봐야 합니다. 실제로 낮 동안 놀이가 부족한 것은 아닌지, 기관 생활이 원만한지, 또래 관계가 잘 이루어지고 있는지, 부모와의 유대와 정서적 교감이 잘 이루어지고 있는지 등을 체크해야 합니다.

무엇보다도 소통이 잘 되고 있는지 면밀히 봐야 하는데 흔히 일상 대화에 문제가 없으면 괜찮은 것으로 생각하기 쉽지만 아이의 마음에서 일어나는 일은 직선이 아니라 구불구불 골목길과 같아서 사각지대를 놓치기 쉽습니다.

부모의 세심한 관심이 아이의 마음에 다가가는 길을 비추는 빛이 됩니다.

수면 교육을 위해
아기를 울려도 괜찮을까요?

첫 출산을 하고, 태어난 지 180일 된 아기를 양육하면서 어떻게 키워야 할까 고민하고 있어요. 수면 교육을 위해 잠자는 시간을 통제하다 보니 어쩔 수 없이 아기를 울려야 하는 경우가 있는데 괜찮을까요?

양육 방식을 일반화할 수는 없습니다

적어도 유행을 따르는 것은 지양해야 합니다. 양육 방식에 대한 정보가 넘치고, 과거에 비해 육아문화도 빠르게 달라지고 있습니다.

문화는 집단의 의식을 반영하는 척도입니다. 그런 의미에서 유행에 반응하는 정도는 자신의 의식 흐름을 보여주는 것이라 할 수 있습니다.

그러나 OO식 교육 등 사람들이 따르는 것을 검증 없이 받아들이는 것은 위험할 수 있으니 주의해야 합니다. 여기서 검증은 양육자와 아기, 우리 집 환경과 생활 패턴에 맞는지의 여부입니다.

불안할수록 유행에 민감할 수 있어

유행은 군중심리의 대표적인 현상입니다.

군중심리는 남과 다른 것에 대한 불안한 마음으로, 선동에 취약한 자아가 안정을 취하는 방법일 수 있습니다. 유행에 휩쓸리지 않고, 자신만의 소신을 가지려면 어떻게 해야 할까요?

종종 소신을 갖는다는 것을 자기주장이나 고집으로 착각하는 경우가 있는데 소신은 심리적 유연성이 있을 때 가능합니다. 유행에 따르지 않으려고 방어적인 태도를 취하면 경직될 수 있고, 유행하고는 무관하게 자신만의 방식을 고수하는 경우도 융통성과 유연함이 부족한 특성이 있습니다. 이는 부정적인 소신의 양상들입니다. 출산 후 100일 정도는 호르몬의 불균형으로 정신적으로나, 심리적으로 불안정하기 때문에 생활을 안정화하는 것이 우선되어야 합니다.

아기를 잘 키워야 한다는 다짐이 불안으로 인해 양육자의 소신을 잠식시킬 수 있으니 질문자는 자신의 심리적 상태를 체크하고, 유행보다는 우리에게 맞는 방식을 차분하게 찾아가는 것이 좋겠습니다.

아기를 다방면으로 파악한 후 교육해야

생명의 신비로움은 자연의 원리와 유사합니다. 양육과 자연은 개입과 관리를 하기 위해 반드시 각각의 특질을 이해하는 과정을 거쳐야 합니다.

예를 들어 도시에 공원을 조성할 때 주변의 자연 생태를 이해하고, 환경 조건에 맞춰서 사람과 자연이 어우러지게 하는 것처럼 아기도 체질 및 기질을 알기 위해 관찰하며 지켜보는 시간이 필요합니다.

아기를 다방면으로 파악하기 전에 교육하게 되면 역효과와 부작용이 발생할 수 있습니다.

교육의 기본은 조건을 조작하는 것이지만 출생 후 최소 1년 정도는 신체 리듬에 맞춰 자연스럽게 패턴을 만들어갈 것을 권합니다. 그 이후 아기가 생활 습관을 익힐 수 있도록 최소한의 조건들을 조작하면서 지시에 따르고 통제가 가능하도록, 교육을 순차 점진적으로 하면 될 것 같습니다.

보편적인 양육 속에서 개성 키워야

양육은 모방이 아닌 창조입니다. 주변에서 양육에 관련된 내용을 추천하거나 많은 사람이 좋다고 하는 것을 자신에게 그대로 적용해도 괜찮을까요?

같은 아기, 같은 양육자가 없기 때문에 양육 방식도 비슷한 듯하지만 모두 다릅니다.

저마다 본인에게 맞는 본인만의 것을 창조해야 하는데 창조도 모방에서 시작되므로 주변 사람들은 어떻게 하는지 정보를 수집해서 참고하고, 필요한 지식을 습득하는 정도가 좋겠습니다. 무엇보다도 건강한 창조는 지혜로움을 수반합니다.

양육이 보편적일 때 개별성이 돋보입니다. 보편적인 범주에서 양육이 원만하게 이루어진다면 세부적으로 개별성을 유지하는 개성을 만들어갈 수 있습니다.

생후 1년쯤 되면 아기가 자고 일어나는 시간에 어느 정도 규칙이 생기면서 보편성을 갖게 됩니다. 구체적으로 잠을 자는 방식인 경우 혼자 재우거나 양육자와 함께 자는 등을 정하는 것이 개별적 개성에 해당합니다.

개별성은 보편성을 전제로 해야만 가치를 발하는 개성으로 창조될 것입니다.

생명의 탄생에 감사하는 마음을 갖습니다. 생명의 탄생은 그 어떤 것과도 비교할 수 없는 축복입니다. 탄생의 기쁨과 행복감을 충분히 느끼십시오. 양육자의 정서에 도움이 됩니다. 임산부에서 산모, 양육자로 이어지는 역할에 대한 부담을 감당할 수 있는 힘은 안정된 정서에서 생성됩니다.

육아와 교육은 계획한 대로 획일적으로 끼워 맞춘다기보다는 자연현상처럼 자연스럽게 흘러가면서 개별화, 개성에 도달할 수 있습니다.

밥을 먹다 자꾸 뱉어 버리는 아이,
왜 그럴까요?

24개월 된 아이가 밥을 먹다가 무언가 자신의 마음에 들지 않으면 입 안에 있던 음식물을 뱉어 버리는데 못 하게 해도 말을 듣지 않아요. 어떻게 해야 할까요?

유아가 자신의 마음을 전달하는 방법은

언어가 소통의 도구가 되기 위해서는 대상에 대한 이해가 선행되어야 합니다. 유아는 감정과 기분을 소리와 표정, 행동 등으로 표현하는데 비언어적인 사인들이 언어보다도 더 즉각적이고 직접적으로 전달됩니다.

이때 양육자의 반응과 태도에 따라 아이가 수용 또는 거절에 대해 경험하게 됩니다. 양육자가 아이에게 적절하게 반응하고 허용적인 태도로 대하면 아이는 발달적으로 자신의 마음을 표현할 수 있습니다.

규칙에 익숙하도록 서서히 유도해야

우선 아이의 몸짓 언어를 해석할 수 있어야 합니다. 아이는 음식을 뱉는 것으로 자신이 원하는 것을 알리고, 양육자는 잘못된 행동이라고 말하는 것으로 각각 의사표현을 하고 있습니다. 아이와 양육자는 서로의 일방적인 표현을 어느 쪽도 수용하지 않기 때문에 소통과 교감이 아닌 불통이 발생하고 있습니다. 아이가 양육자의 언어와 의도를 이해하고 받아들이기에는 한계가 있지 않을까요? 양육자가 아이의 몸짓 언어를 이해하는 방법은 아이의 마음과 요구를 알아차리고 대응하는 것입니다.

아이가 밥을 먹고 있다가 갑자기 눈에 들어온 장난감을 가지러 간다고 가정해 봅니다. 양육자는 '지금은 밥을 먹고 있으니 다 먹고 가지고 놀자'라고 하고, 당장 장난감을 가지고 오고 싶은 아이는 원하는 대로 되지 않아서 입속의 음식을 뱉는다면 이때 양육자가 어떻게 반응하는 것이 좋을까요?

- 먼저, "ㅇㅇ아!"라고 차분하게 아이의 이름을 부르며 눈을 바라봅니다.

유아의 특성상 사고를 한 후 행동하는 것이 아니라 감각적 자극과 행동이 동시에 일어나므로 이름을 부르면서 잠깐이라도 멈출 수 있도록 유도합니다.

- 그리고, '장난감 가지고 놀고 싶구나' 아이의 마음을 반영하며 알아줍니다.

자신이 원하는 것을 알아주고, 공감해 주면 상황을 이해하는 정서가 발달하게 됩니다.

- '지금은 무엇을 하는 중이니?' 질문을 해서 인지할 수 있게 도와줍니다.

아직 아이는 식사시간과 놀이시간을 구분하는 개념이 없기 때문에 반복적으로 알려주면 차츰 익혀갈 것입니다.

유아 초기인 경우는 이와 같은 3단계가 잘 적용되기 어려울 수 있으니 엄격하게 반응하기보다는 유연하게 유도하면서 서서히 규칙에 익숙해지고 상황을 인지할 수 있도록 도와줍니다. 바른 식습관은 정성과 상당한 노력으로 만들 수 있으며 수면, 배설과도 연관되고, 아동기와 청소년기까지 이어지므로 기본과 기초가 되는 틀을 잘 만드는 것이 중요합니다.

24개월이면 표현 언어가 시작될 때

언어 발달은 크게 두 가지 이론으로 나눠 볼 수 있습니다. 언어 습득은 유전적으로 결정된 기술이라고 주장한 촘스키와 레너

버그의 생득주의와, 후천적 요인에 기초한다는 스키너와 반두라의 행동주의가 그것입니다.

두 이론을 종합해 보면 영유아기는 유전적으로 타고난 기질을 바탕으로 주위 사람들과 환경에 의해 노출된 언어를 모방하고 반복하면서 습관을 형성하는 것으로 이해할 수 있습니다. 언어가 연령에 맞게 단계적으로 발달하면 자신의 생각, 의견 등을 표현하고 상황에 따라 적절하게 사용할 것입니다.

현재 24개월이면 수용 언어가 표현 언어로 변하기 시작할 무렵입니다. 예를 들어 사과가 어디 있는지 물을 때 사과를 찾아서 가리킬 수 있는 것이 수용 언어이고, 실제 사과를 보고 사과라고 말할 수 있는 것이 표현 언어입니다. 정서적으로 안정될 수 있도록 가정환경을 조성하고, 가족 간 친밀한 관계를 만들어가는 것이 언어 습득 및 언어 발달에 도움이 될 것입니다. 이렇게 터득한 언어는 아이와 엄마를 비롯한 가족들이 원만하게 소통하는 도구로서 크게 기능할 것입니다.

집 화장실이 아닌 곳에서 배변이
어려운 이유가 뭘까요?

초등학교 1학년 남자아이입니다. 학교나 학원, 집이 아닌 곳에서 화장실을 잘 못가는데 기질적으로 예민해서 그렇겠지만 혹시 다른 이유가 있는지 궁금합니다. 어떻게 도와줘야 할까요?

배변은 생리적인 심리 현상입니다

배변의 어려움은 기질로 이해하는 것 이상의 관심이 필요합니다. 아이의 불안정한 배변 습관의 원인을 예민한 기질로만 판단한다면 아이의 행동 특성을 세세하게 관찰할 수 있는 기회를 놓치게 됩니다. 습관은 기질 때문에 만들어지고, 환경으로 인해 강화됩니다. 아이의 정서와 행동 방식 및 가족 구성원의 전반적인 생활 구조를 면밀히 살펴봐야 합니다.

아이와 양육자의 관계 점검부터

유아의 정서가 양육자의 영향을 받는 것은 당연합니다. 그렇다면 어떤 경로를 통해서 전달될까요?

예를 들어 예민한 기질의 아이가 부모의 갈등 상황에 노출되는 것으로 설정해 봅니다. 아이는 집안의 공포 분위기를 감지하면서 긴장도가 높아지고, 긴장감은 사고와 정서를 경직시킵니다. 갈등 상황이 종료되었다고 해서 긴장하고 경직되었던 마음이 바로 해결되는 것은 아닙니다. 바로 이 부분이 양육자가 빠지기 쉬운 함정입니다. 불편한 시간은 잠깐이었고, 아이에게 상황을 설명했으니 괜찮다고 생각할 수 있습니다.

그러나 이는 괜찮길 바라는 양육자의 마음일 뿐 정신의 흐름은 간단하지 않습니다. 설령 아이가 웃는 표정으로 괜찮다고 말하더라도 갈등 상황이 두려워 양육자처럼 괜찮길 바라는 마음에서 하는 표현입니다.

정서는 상황을 인지적으로 설명한다고 해서 해소되는 것이 아니라 그 상황을 경험한 아이의 마음이 실제로 괜찮아져야만 안정되기 때문입니다. 마음과 인지는 실시간으로 동시에 작동되지 않으니 이 부분을 간과하지 말아야 합니다. 기질이 예민한 아이라면 양육자의 불화 후에 심리적으로 소화할 수 있도록 충분한 시간과 세심한 돌봄이 필요합니다.

예시의 경우를 정리해 보면 양육자의 정서가 아이에게 전달되는 경로는 환경의 자극 ⇨ 양육자의 태도 ⇨ 아이의 정서적 충격 ⇨ 아이의 경직도와 긴장감 ⇨ 양육자의 불안 ⇨ 양육자의 행동화

⇨ 아이의 심리적 압박감 ⇨ 평화를 위한 공모 ⇨ 해결되지 못한 내적인 불편감, 이와 같은 과정을 반복적으로 경험하면서 양육자의 정서가 아이에게 전달되고 그로 인해 아이는 긴장도가 높은 정서를 유지하게 됩니다. 심리적인 경험은 생리적인 현상에 영향을 미치고, 일상생활의 불균형으로 나타나게 됩니다.

배변 습관은 정서를 반영

수면과 섭식보다도 더 예민하게 정서를 반영하는 것이 배변입니다. 바람직한 배변 습관을 위해서 배변 활동을 직접 다루는 것보다 수면과 섭식이 안정되는 것을 우선으로 해야 합니다.

수면, 섭식, 배변의 생리적인 작용은 상호 연결되어 있고, 시작과 끝이 고정이 아닌 순환이지만 특히 유아의 특성상 잘 먹고 잘 자는 것으로 정서의 안정을 확인할 수 있습니다. 정서가 안정되어야 배변이 원만하게 이루어집니다.

집 밖의 화장실이 불편한 것은 집에서의 불편함의 연장일 가능성이 높습니다. 집이 아닌 곳에서 화장실을 잘 못 가는 이유를 찾는 것보다 집에서 불편한 공간이나 특정 이상한 행동이 없는지 살펴볼 것을 제안합니다. 원인이 외부 시설이나 상황이 아니라 가정 내부에 있을 것으로 짐작됩니다.

양육자의 스트레스가 배변 문제 일으킬 수도

양육자의 태도에 따라서 아이는 달라집니다. 유아동의 두려움과 긴장감은 양육자의 통제와 관련이 있습니다. 평소에 아이의 마음을 알아주고, 일방적인 지시나 엄격한 훈육을 지양하는 것이 경직된 정서를 완화하는 데 도움이 됩니다.

긴장감의 시작은 불안이고, 긴장감의 해소도 불안의 진정 정도에 따라 가능합니다. 이때 불안은 아이의 심리 이전에 양육자의 정서에서 오는 것일 수 있으니 아이의 배변 문제로 인한 스트레스가 기분으로 이어지지 않도록 조절하길 바랍니다.

아이의 배변 문제를 단시간에 해결하려고 하면 할수록 역효과가 날 수 있습니다. 일상생활을 자연스럽게 유지하면서 재미있는 놀이와 즐거운 분위기로 행복감을 느끼게 하는 것이 바람직합니다.

아이가 까치발로
걷고, 뛰어요

25개월 된 여아를 키우고 있어요. 아이가 자주 까치발로 걷는데 괜찮을까요? 넘어질까 봐 아슬아슬하고 또, 까치발로 뛰어서 천천히 걸으라고 해도 말을 듣지 않아요. 발달에 문제가 있는 것은 아닌지 그냥 두어도 되는지 궁금합니다.

세상은 호기심 가득한 신비로운 곳입니다

아이가 걷기 전에, 엎드린 형태로 기어다니면서 보는 외부 환경은 시야에 제한이 있을 것입니다. 일어서서 보는 세상은 기어다닐 때 봤던 것과는 또 다른 세상이 펼쳐지는데 영아가 기다가 걷는 것은 실로 놀라운 일입니다.

실제로 걷기 시작한 아이는 충격이라고 할 만큼 엄청난 경험을 합니다.

첫발을 떼는 아이의 눈에 비친 세상은 호기심 가득한 신비로운 곳인데, 낯설고 새로운 것은 즐거움보다 두려운 감정에 가깝습니다. 새로운 탐색의 느낌과 감정이 괜찮았을 때 비로소 즐거움으로 경험되어질 것입니다.

즉, 세상을 알아가는 것은 처음에 어떤 경험을 어떻게 하느냐에 따라 정해질 수 있는데 때론 즐거울 수도, 때때로 두려울 수도 있습니다.

물론, 아이에게 유쾌, 불쾌 등으로 입력된 정보는 이후 또 다른 경험을 통해 수정, 재구성될 수 있습니다.

이때 아이의 기질에 따라 세상을, 환경을 경험하는 양상이 다양하게 나타나고 또, 아이의 경험에 대해 반응하는 부모도 성향에 따라 다양한 태도를 취하게 됩니다.

아이의 첫걸음마, 어떻게 반응하면 좋을까요?

아이의 첫걸음마는 부모에게 감동을 선물합니다.

부모의 성향에 따라 선물에 대한 반응이 다양할 텐데 그 첫 반응이 아이가 세상을 향하는 마음과 정서에 상당히 많은 영향을 미칩니다.

우선 부모가 과하게 놀라거나 큰소리를 내면 되레 아이가 놀라므로 침착해야 합니다. 아이 입장에서는 일어서는 순간, 갑자기 넓어진 시야에 들어오는 물리적인 환경에 놀라게 되는데 부모의 반응마저 과도하면 심리적으로 감당하기가 힘들 것입니다.

아이의 첫걸음마에 부모는 두 번 환호하고, 놀랍니다. 처음은 첫걸음을 향한 감탄과 환호성이고, 두 번째는 아이가 한두 걸음을 뗀 후 비틀거리고 넘어지려고 할 때입니다.

두 번째를 좀 더 신경을 써야 합니다. 위험하다고 신호를 주는 것이 다시 아이를 놀라게 할 수 있는데 이때 아이가 놀라는 것은 처음 놀라는 것과는 성질이 다릅니다.

부모의 처음 환호는 기쁨과 감동이 포함된 것이고, 두 번째 놀람은 걱정과 우려가 담겨 있습니다.

주변 분위기와 부모의 정서를 감지한 아이는 앞으로 어떻게 해야 할지를 본능적으로 알게 됩니다.

첫걸음을 떼고 다시 한동안 걷지 않고 기어 다니는 경우가 있는데 심리적으로 일어서서 보는 세상에 대한 충격과 부모의 반응 때문이기도 합니다.

아이의 첫걸음마는 아이는 물론 부모에게도 특별한 경험입니다. 또한 부모의 정서적인 상황과 심리적인 요인에 따라 부모의 반응은 다를 수 있습니다. 아이의 첫걸음마에 환호하고 격려하는 것은 좋으나 과도한 반응은 오히려 아이를 움츠려들게 할 수 있기 때문에 자제해야 합니다. 새로운 세상의 문을 여는 아이를 침착하게 애정 어린 시선으로 지켜봐 주면 아이는 용기를 낼 수 있습니다. 호기심 가득한 세상이 안전한 곳이라는 긍정적인 경험을 할 수 있도록 정서적으로 안정된 울타리로서 양육자의 태도가 중요합니다.

부모가 함께 급해지거나 부추기는 것은 금물

아이에게 기질적인 특성이 있을 수 있습니다. 호기심 가득한 세상을 빨리 경험하고 싶어서 성급하게 움직이게 되면 발바닥이 바닥에 닿기도 전 다음 걸음을 떼기도 합니다.

침착하게 반응하면서 손을 잡아 주거나 보조 도구를 이용해 한 발 한 발 천천히 뗄 수 있도록 도와줍니다. 걷는 것이 익숙해져서 제법 잘 걷게 되면 기질이 더 드러날 수 있는데 이때도 마찬가지로 부모가 함께 급해지거나 부추기는 행동을 하는 것은 삼가야 합니다.

예를 들어 엄마가 있는 곳으로 아이가 걸어올 때 "엄마 여기 있어 어서 와 봐"라고 하면 아이는 마음이 급해질 겁니다. 처음에는 천천히 걷다가 엄마가 가까워지면 뛰면서 거의 쓰러지게 되는 것을 볼 수 있습니다.

아이는 왜 까치발로 걸을까요?

운동 신경 발달상 조절의 문제일 수도 있습니다. 아이가 두 발로 걷는 일은 엄청난 도전이자 용기가 필요한 일입니다. 엄마가 '하나둘 하나둘' 신호를 주면서, 격려하고 용기를 주면 아이의 주의를 집중시키는 데 도움이 됩니다.

아이에게는 엄마의 눈빛과 목소리에 협응하는 경험이 되기도 합니다. 이는 운동 신경 발달에 중요하게 작용하므로 청각과 시각을 연결해 봅니다.

신경과 관련해서 감각적인 초기 경험(처음 까치발로 걷는 행동)은 반복적으로 나타나기도 합니다. 좀 더 유심히 지켜본 후 충분히 잘 걷고, 조절되는데도 불구하고 계속 까치발로 걷는다면 병원 진료와 발달 검사를 받아보기를 권합니다.

심리적인 문제이기도 합니다. 새로운 경험에 대한 두려움 혹은 위축된 마음은 환경 탐색에 제한이 생깁니다. 안정적인 심리 상태라면 발바닥이 바닥에 닿는 것이 불편하지 않을 것입니다. 발바닥이 바닥에 닿는 감각의 어색함과 불편함이 있을 수 있고, 까치발은 발가락이 세워지는 감각을 즐기는 쾌감이 있을 수 있습니다. 아이의 발과 발바닥을 충분히 만져 긴장감을 누그러뜨린 후 다양한 촉각을 발바닥으로 경험할 수 있도록 놀아주는 것도 도움이 됩니다.

어린이집 친구가 자꾸 꼬집어서
스트레스를 받는 아이

네 살 난 딸은 어린이집에 가는 것을 좋아하고, 전반적으로 생활을 잘하는데 요즘 스트레스를 받아서 그런지 말수도 적어지고 표정도 좀 어두워진 것 같습니다. 무슨 이유인지 찾다가 어린이집 친구가 자꾸 우리 아이를 꼬집는다는 사실을 알게 되었어요. 어떻게 해야 할까요?

꼬집는 아이의 심리는 무엇일까요?

유아의 행동은 말과 같은 언어입니다. 사람들이 소통하는 대표적인 수단이 언어인데 언어를 습득하고 상황에 적절하게 사용하는 데는 탄생 후 최소한 학령기까지의 시간이 필요합니다. 그 과정에서 자신의 마음을 전달하기 위해 어떤 행위가 필요한데 그것이 바로 행동입니다.

유아가 뜻대로 안 되면 울음을 터트리는 것도 같은 맥락이며 보는 사람은 아이가 투정을 부리고 짜증을 내는 것으로 치부할 수 있겠지만 아이에게는 절실한 의사표현이기 때문에 진심으로 무엇인가를 주장하고 있는 것입니다. 심리적으로는 자신이 원하는 것이 이루어지지 않을까 봐 불안하고 예민한 상황이라고 볼 수 있습니다.

양육자가 둔감하면 아이는 과하게 행동해

유아의 행동은 양육자의 민감도와 관련이 있습니다. 언어가 발달하지 않은 유아가 상대에게 자신의 마음을 전달할 때 비언어적 사인만으로 표현해도 잘 알아주고, 받아준다면 과한 행동으로 이어지지 않을 것입니다. 예를 들어, 내가 작은 목소리로 말해도 상대가 잘 이해하면 굳이 큰 소리로 말하지 않습니다. 목소리가 커질 때는 상대방이 내 말을 못 알아들을 때입니다.

유아의 행동도 유사합니다. 기질적으로 급하고 강해서 말보다 행동이 앞서는 경우도 배제할 수 없지만 양육자의 정서 공감 정도가 유아의 행동에 영향을 미치게 됩니다. 다시 말해 유아를 돌보는 양육자의 섬세함과 민감도는 아이의 마음과 욕구를 알아차리는 데 중요합니다. 그런데 양육자의 반응이 둔감하면 어떻게 될까요? 아이는 주장을 강하게 표현할 수밖에 없습니다. 초기 양육자의 집중적인 돌봄이 필요한 생후 3년 정도까지의 시기에는 유아의 발달적 성장에 중요한 요소인 행동 조절 능력이 생겨납니다.

꼬집히는 아이의 마음은 어떨까요?

꼬집는 아이는 평소에 마음이 답답할 것입니다. 아이는 강하게 표현해야만 내 마음을 알아주는 경우에 해당합니다. 꼬집는 것으로 의사표현을 하고 있지만 이는 소통이라기보다는 감각에 의한 자극으로 자신도 상대도 불편감이 있을 것입니다.

내 마음을 충분히 알아주는 돌봄을 받는다면 마음을 전달하는 방법을 알아갈 것이고, 꼬집힘을 당하는 상대의 마음도 느낄 것입니다. 공감 능력은 내 마음을 알아주는 누군가의 심리적인 접촉 없이는 생길 수 없습니다.

불편한 감각적인 자극은 부정적인 경험이 됩니다. 또래 친구의 가해 행동에 대상이 되는 아이는 기질에 따라 반응 정도가 다르겠지만 대부분의 아이는 기질과 상관없이 상황에 처한 당시에는 정서적으로 부정적인 경험을 하게 됩니다. 다만, 중재하는 보호자의 역할에 따라 아이가 느끼는 심리적인 강도를 완충할 수 있으니 주의 깊은 돌봄이 필요합니다.

아이가 자신의 마음을 설명할 수 있을까요? 4세 유아의 언어 발달 정도로는 상황에 따른 자신의 마음을 충분히 설명하기는 어렵습니다. 기관 선생님이나 관계자에게 관련된 내용을 전달받고, 그 외 기관생활에서 아이의 활동에 대한 전반적인 정보를 수집해서 정서를 체크하고 관리하는 것이 좋겠습니다. 불편한 경험이겠지만 아이 성장에 도움이 되는 기회로 삼길 바랍니다.

생리적, 감각적인 부분들은 타고난 기질

2부는 영유아를 양육하는 부모들에게 육아를 어렵게 느낄 수밖에 없는, 그 원인이 되는 주제들로 구성되어 있다. 생리적, 감각적인 부분들은 타고난 기질이라는 사실을 받아들이는 것 외에는 속 시원한 해결책을 찾기 어렵기 때문이다.

2부에 실린 주제 외에도 화장실을 너무 자주 가거나 손을 지나치게 씻는 (물휴지, 손 소독제를 많이 사용하는) 특정 행동 등도 있는데 생리적인 부분의 문제는 이후 강박적 행동으로 이어질 여지가 있다. 문제가 있으면 답도 있다는 논리적인 사고는 틈새를 놓치게 된다. 사실 중요한 것은 틈새에 사소하게 끼어 있기 마련이다. 돌고 돌아 무언가를 찾아 헤매었는데 도착해 보니 너무 일상적이고 평범해서 심심하거나 맥이 풀리는 것처럼 말이다.

먹고, 자고, 배설의 문제는 1부에서 다룬 기질을 이해했다면 반은 해결한 것이지만 양육의 시작을 잘해야 그나마 어쩔 수 없이 생기는 문제를 풀어갈 수 있다. 그 과정에서 발생하는 어려움을 극복하는 힘은 일상의 과정을 통해 키울 수 있다.

아이와 엄마를 서로의 대상으로 연구한 도널드 위니캇의 의견대로 아이를 키우는 일은 촉진적 환경의 제공과 성숙 과정으로 볼 수 있다. 평범하지만 우리만의 일상을 어떻게 만들 것인가는 우리가 찾고 있는 각자의 답일 것이다.

엄마와 아이는 있는 그대로 서로에게 존중받아야 한다.

3부 엄마와 아이의 본능적 관계

엄마를 때리는 아이,
어떻게 지도해야 할까요?

세 살 난 아이를 키우고 있습니다. 제가 성격이 급하고 강한 편인데 아이도 저를 닮아서 그런지 조금만 뭐라고 하면 즉각 반응하면서 저를 때리는데 지금은 어려서 하지 말라고 하면 말을 듣지만 커서도 계속 그럴까 봐 걱정입니다. 어떻게 해야 할까요?

아이를 독립적으로 이해합니다

아이를 양육자와 별개로 독립적으로 살펴봅니다. 아이가 양육자와 유사한 점이 있다는 생각이 전제가 되면 아이를 관찰하는 데 제한이 생길 수 있습니다. 아이의 기질을 이해하는 데 자신의 유전자를 받았다는 것만으로도 상당 부분은 단정되거나 왜곡될 수 있기 때문입니다. 나와 아이를 따로따로 분리해서 보면 새로운 시각이 열리고, 좀 더 객관적으로 아이를 이해할 수 있을 것입니다.

양육자, 자신에 대한 이해가 필요합니다

내가 누구인지 자신을 아는 것은 생각보다 쉽지 않습니다. 이해를 한다는 것은 더욱 어렵습니다. 내가 왜 이렇게 행동하는지 그 이유를 찾는 것과 내가 그렇게 하는 것을 이해하는 것은 별개의 문제입니다. 자신을 이해하기 위해서는 행동에 대한 원인을 찾아야 합니다. 질문 중에 양육자 성격이 급하고 강하다는 표현이 있는데 그 이유가 뭘까요?

프랑스 철학자 미셸 푸코는 '자신이 누구인지'보다는 '자신이 무엇일 수 있는가'에 대해 생각해야 한다고 합니다. 이 말은 내 안에 있는 것을 발견하는 인식의 차원이 아닌, 내 안에 없는 나를 만들어가기 위해 스스로를 변형시키는 실천적 태도를 의미합니다.

정리해 보면 자신의 행동에 대한 원인을 찾고, 나를 이해하면 내가 바라는 변화된 새로운 나를 만들 수 있다는 것입니다. 급하고 강한 나로 인식하던 나를, 부드럽고 여유 있는 나로 변형시킬 수 있습니다. 아이의 특정 행동을 지도하기 전에 이와 같은 방법으로 나를 살피는 과정이 선행되어야 합니다.

아이에 대한 선입견으로부터 자유로워져야

대체로 아이에 대한 생각은 '내 아이는 내가 가장 잘 알지'와 '내 아이인데도 잘 모르겠다' 이렇게 둘로 나뉩니다.

내 아이는 '이럴 것이고' '이래서 그렇고'라는 생각으로 단정 지어 판단하는 것은 위험합니다. 이는 경험에 의한 편견이기도 하고, 아직 충분히 경험해보지 않은 상태에서 내 아이라는 이유만으로 아이를 안다고 판단하는 것인데 결과적으로, 아이의 무한한 가능성을 축소하는 것입니다. 반대로 내 아이인데도 잘 모르겠다는 것은 실제로 모른다기보다는 보지 않으려는 방어나 회피에 가깝습니다. 아이가 나를 닮았다는 생각은, 자신의 안 좋은 점을 직시하고 싶지 않은 마음으로 이어져서 '내 아이인데도 모르겠다'로 표현할 수 있습니다.

두 경우 모두 아이를 나와 독립된 대상이 아닌 종속된 관계, 나의 일부로 인지한다는 의미이고, 이는 선입견을 만들게 됩니다. 선입견을 가지고 아이를 보면 새로움을 발견하고 미지를 창조할 수 없습니다. '아이'의 세계는 그 누구도 탐험해 본 적 없는 새로운 세상입니다.

양육자의 강한 반응에 대한 반작용일수도

아이의 행동에 양육자가 과하게 반응하진 않았을까요? 3세의 유아는 보이는 것을 그대로 보고 모방하는 시기라서 때리는 행동을 한다면 모방학습의 결과일 수도 있습니다. 비교적 단순한 인과관계이기도 합니다.

차분하고 침착한 태도를 유지할 수 있도록 주의를 기울여야 합니다. 양육자의 급한 성향 때문에 상황을 판단할 때 과민하거나 과장될 수 있고, 그로 인한 과잉된 행동이 아이에게는 공포나 두려움으로 느껴질 수 있습니다. 아이의 때리는 행동도 양육자의 강한 반응에 대해 반작용으로 볼 수 있습니다. 아이의 정서에 부정적인 영향을 미칠 수 있는 큰소리, 경직된 표정, 격한 움직임 등을 유의하는 것이 좋습니다.

양육자의 불안을 조절해 봅니다

일상생활에서 과하게 반응하는 편이라면 그 배경이 되는 심리는 불안일 수 있습니다. 상황이 위험하다고 감지한 무의식은 과한 반응으로 방어를 위한 공격 태세를 갖추게 됩니다. 이는 불안으로 인한 인지 왜곡으로도 볼 수 있는데 침착하게 상황을 파악하면 판단하는 데 오류가 덜 할 것입니다.

또, 다른 방법은 호흡을 고르게 하는 것이 불안을 조절하는 데 도움이 됩니다. 긴박한 상황이나 감정이 고조되는 순간에는 호흡이 불규칙적인데 의식적으로라도 날숨의 호흡에 집중하면 어느 정도 불안을 완화시킬 수 있습니다. 아이가 바라보는 양육자가 어떤 모습일지, 어떤 모습이길 원하는지 안정된 이미지를 만들어 보길 권합니다.

엄마가 싫어하는 행동을 일부러 하는
아이의 속마음은?

이제 다섯 살이 된 아들이 제가 싫어하는 행동을 일부러 하는데 화도 내보고 좋은 말로 타일러 보기도 했지만 오히려 더하는 것 같아요. 어떻게 해야 할까요?

아이에게 일상생활은 놀이입니다

유아는 생활 대부분을 놀이처럼 생각합니다. 마찬가지로 엄마와 함께하는 일상도 아이에게는 다양한 놀이의 경험이라 할 수 있습니다. 아이는 자신의 행동에 대한 엄마의 반응을 살피고 다시 자신의 행동을 만들어갑니다. 아이의 행동에 대한 엄마의 반응은 아이에게 자극이 되는데 특히 엄마의 부정적인 반응에 관심과 흥미를 느낄 수 있습니다. 아이의 특정 행동에 대해 엄마가 강한 반응을 보였다면 아이에게 그 행동은 의미가 생기고, 동시에 엄마를 살피는 수단으로 사용하게 됩니다.

아이는 부모의 과한 반응에 주목해

예를 들어 아이가 높은 곳에서 뛰려고 한다면, 이런 위험한 상황에서 부모와 아이는 어떻게 할까요?

아이의 기질에 따라, 부모의 성향에 따라 나타날 수 있는 양상은 다음과 같습니다. 아이의 기질에 따라 부모가 위험하다고 말을 해주면 두려움을 느끼고, 위험을 인지해 삼가거나, 또는 오히려 재미를 느껴 놀이처럼 생각할 수 있습니다. 부모의 성향에 따라서는 불안한 마음이 과도한 반응으로 나타나거나, 아이를 혼내거나, 또는 강화물을 이용해 아이의 행동을 조정하기도 합니다. 만약 평소에 아이에게 관심이 부족했거나 아이와 함께하는 놀이가 충분하지 않았다면 아이는 부모의 과한 반응에 주목하게 됩니다. 바람직하지는 않지만 아이는 그 또한 관심이라 생각하고 반복 행동을 할 수 있습니다.

엄마가 싫어하는 행동을 하는 아이의 속마음은?

유아의 엄마를 향한 관심은 바다만큼이나 넓고 깊습니다. 아이는 엄마가 하는 말, 엄마의 표정, 엄마의 기분을 늘 살피고 영향을 받게 되는데 어떻게 해야 관심을 자신에게로 향하게 할지 잘 모르기 때문에 생활하면서 경험하는 것으로부터 정보를 수집합니다. 자신이 하는 행동에 반응하는 엄마를 보면서 알아가게 되는데 언제 엄마가 반응하고 어느 때는 반응이 없는가는 중요한 기준이 되고 엄마가 유독 강한 반응을 보일 때 아이는 집중합니다.

아이가 자신이 하는 행동을 엄마가 싫다고 하고 하지 말라고 하는데도 더 하는 이유는 아이가 초점을 맞추는 것은 '엄마가 싫어한다'가 아니라 '엄마가 나에게 반응한다'이기 때문입니다. 엄마 입장에서는 내가 싫다고 하는데도 왜 그렇게 하는지 이해하기 힘들고, 이해한다 해도 반복적으로 말을 하는데도 듣지 않는 아이로 인해 스트레스를 받게 되지만, 아이 입장에서는 엄마의 불편한 마음과 달리 원만하지 않은 상호작용을 놀이처럼 느끼고 있다는 점에 주목해야 합니다.

엄마의 침묵이 필요할 때

엄마가 싫어하는 행동을 일부러 하는 아이를 바라보는 엄마의 마음은 어떨까요?

아이의 마음을 이해하려면 양육자인, 엄마의 마음도 알아야 합니다. 아이가 자기 말을 듣지 않아서 불편한 것인지 아니면 아이의 특정 행동이 엄마 자신의 성장 과정 중 어떤 내용과 관련이 있어서 감정적으로 불편한지 구별해야 합니다. 이를 구별해서 엄마의 마음과 정서를 살펴보았다고 해도 자신이 싫어하는 행동을 반복적으로 하는 아이를 보면서 침착하고 차분하게 반응하는 것은 쉽지 않습니다.

아이 행동에 바로 반응하기보다는 그 순간은 말과 행동을 멈추고, 어느 정도 진정될 때까지 기다립니다. 방법은 아이의 이름을 부르고, 눈높이를 맞춘 후 눈을 바라보면서 1~2분 정도 가만히 있어 봅니다. 엄마의 침묵은 아이의 마음을 정돈해 주는 묘약이기도 합니다.

"몇 번을 말해야 아니?"와 같은 부정적 반응은 지양해야

즉각 화를 내거나 "몇 번을 말해야 아니? 그만 좀 해라!"와 같은 표현은 아이의 행동을 개선하는 데 도움이 되지 않고 반발심만 생기게 됩니다. 이런 경우에는 "엄마랑 놀고 싶니? 우리 무엇을 하면서 놀까?"로 전환합니다. 아이는 엄마와 놀고 싶다는 속마음을 겉으로는 엄마를 자극하는 행동으로 표현하기 때문입니다.

처벌과 위협하는 표현도 아이의 행동을 부정적으로 강화시키므로 유의합니다.

"계속 그렇게 하면 ㅇㅇㅇ이가 좋아하는 것을 못하게 될 거야! 오늘 먹기로 한 아이스크림은 못 먹을 거야!" ⇨ "ㅇㅇㅇ이가 좋아하는 것을 해 볼까 어떠니? 오늘 아이스크림 먹기로 했던 것 기억하지, 어떤 맛으로 먹을까? 상상만 해도 기분이 좋아지는구나"와 같이 조건과 단서 없이 청유형으로 전환합니다. 엄마가 싫어하는 행동을 했는데도 부정적인 결과가 아닌 긍정의 보상이 있다는 경험을 하면 행동 개선에 도움이 될 수 있습니다.

엄격한 아빠, 친구 같은 아빠
두 마리 토끼 잡기

두 아들을 키우고 있는 아빠입니다. 형은 일곱 살이고 동생은 네 살입니다. 제 아버지는 엄격하고 권위적인 분이셔서 내가 부모가 되면 친구처럼 편하고 친밀한 아빠가 되어야겠다고 생각했습니다. 그런데 막상 두 아들의 아빠인 지금 저는 고민이 많습니다. 친구처럼 편하게 하면 아이들 버릇이 없어지는 것 같고 그래서 좀 엄격하게 하면 오히려 말을 듣지 않습니다. 권위도 있으면서 친구 같은 아빠가 된다는 것은 불가능할까요?

역할은 반복 순환됩니다

우리는 모두 역할을 맡아 수행하게 됩니다. 자의든 타의든 자신이 누군가에게 모델이 되는데 이전에 자신도 모델이 있었기 때문에 가능한 일입니다. 미국 사회학자 로버트 K 머튼은 역할 모델이라는 용어를 사용하며 세대 간 종적, 횡적 흐름을 이해하는 데 도움을 주었습니다. 자신이 부모인 현재를 바로 알고 과거의 부모를 이해하며 미래에 자식의 역할을 짐작할 수 있다면 역할 모델에 대한 인식이 바람직하게 설정될 것입니다. 역할은 이어지고 반복되며 순환되고 있습니다.

'나는 어떤 부모인가?'

부모로서 자신을 인식하기 위해 다음 사항을 체크합니다.
아이들에게 "아빠는 어떤 아빠야?"라고 질문해 보면 상당히 진실에 가까운 답을 하리라 생각됩니다. 아이가 어리더라도 자신이 느끼는 주관적인 아빠를 표현하므로 의미 있는 내용입니다. 혹시 답이 꾸며졌거나 대답을 못 한다면 아빠 역할을 점검해보라는 신호일 수 있습니다.

· 나의 부모는 어떠했는가?

아버지가 무서웠으니 나는 친근하고 친구 같은 아빠가 되어야지, 아버지가 자상해서 좋았는데 나도 그렇게 자상한 아빠가 되어야지. 두 경우 모두 부모를 역할 모델로 해서 자신의 역할 모델을 설정하는 것이고 자연스러운 현상입니다. 다만, 하나 더 추가되어야 하는 것은 주체적으로 자신이 추구하는 삶의 방향과 가치에 대한 기준입니다.

예를 들어 "아버지는 무서워서 싫었지만 그래서 내가 삐뚤어지지 않고 바르게 자랐지. 나는 무섭지는 않지만 엄격한 기준이 있는 친구 같은 아빠가 되어야겠어" 이렇게 구체적으로 인식해서 무서움 안에 엄격함이라는 긍정의 본질을 취하는 자신만의 기준이 분명해야 원칙이 있는 역할모델이 될 수 있습니다.

· **나는 어떤 부모가 될 것인가?**

아빠와 엄마는 각각의 역할이 있는데 "엄마는 이랬으면 좋겠어"라고 아빠의 입장에서 아내에게 엄마의 역할을 강요하면 아이들에게 부모상이 왜곡될 수 있습니다. 본인들의 성장 배경을 바탕으로 설정하는 "나는 이런 아빠가 될 거야" "나는 이런 엄마가 될 거야"를 서로 존중해 줍니다. 배우자에게 "어떤 아빠, 어떤 엄마가 되었으면 좋겠어?"라고 묻고 충분히 경청하는 것이 필요합니다. 자신의 생각에 배우자의 생각을 더해 자신의 역할 모델을 정하면 자녀에게 긍정적인 부모상을 심어줄 수 있습니다. 아이들에게 아빠 엄마는 따로따로가 아닌 한 부모이기 때문입니다.

엄격하면서도 친구 같은 부모, 두 마리 토끼 잡기

부모에게 건강한 권위와 엄격함이 있어야 아이가 규칙과 규율, 사회적인 규범, 관계의 질서를 올바르게 배워나갈 수 있습니다. 그러나 너무 지나치거나 방법의 오류가 발생하면 거리감이 생기고 무서운 부모가 될 수 있습니다.

역으로 친구 같은 부모는 아이와 눈높이를 맞추며 친근하게 지낼 수 있지만 자칫 부모와 자녀의 경계선이 모호해져서 위계를 잡는 데 어려움이 있을 수 있습니다.

이렇게 상반되는데 어떻게 하면 모두 취할 수 있을까요?

두 마리 토끼를 잡기 위해 그냥 뛰기만 한다면 한 마리는 잡을 수 있어도 다른 한 마리는 놓치게 됩니다. 상황에 적합한 방법을 찾고 계획을 세워 접근한다면 두 마리 토끼를 잡는 건 어렵지 않습니다. 엄격함과 친밀함을 모두 갖추려면 원칙과 일관성이 반드시 필요합니다.

수직, 수평적 관계를 모두 유지하려면 유동적인 선으로

잘 구부러지는 선, 혹은 곧아서 접거나 구부러지지 않는 선, 적당한 힘과 유연성이 있는 선은 수직 수평선을 모두 만들 수 있습니다. 필요에 따라 수직도 수평도 될 수 있는 유연한 선처럼 부모 자식 관계에서도 유연함이 중요합니다.

· 수직적인 사고 : 원칙을 세워 일관성 있게 유지합니다.

예를 들어 거짓말을 하지 않도록 가르치려면 정직한 부모님의 모습을 일관적으로 아이에게 보여줘야 합니다. 그러면 아이가 우리 아빠는 약속을 지키고 거짓말하지 않는 원칙이 있다는 것을 자연스럽게 알게 되고 자신도 은연중에 같은 행동을 하게 됩니다.

- 수평적인 사고 : 벗어난 원칙에 대해 인정합니다.

원칙을 정해놓아도 때론 지켜지지 않을 수 있습니다. 이럴 때는 솔직하게 인정하고 말하는 것이 건강한 권위를 만들어가는 수평적인 태도입니다. 즉, 수직적으로 원칙을 세우고, 수평적으로 유연하게 적용하면서 균형을 이루는 것이 중요합니다.

다섯 번 중 세 번 성공하면 스스로를 칭찬하기

미국 사회학자 로버트 K 머튼이 말하는 '내가 믿는 대로 된다'는 자기 충족적 예언을 적용해 봅니다. 건강한 권위를 위해 원칙과 일관성을 이해했다면 다음으로 실천이 중요할 텐데 일상에서 잘 지켜지지 않더라도 좌절하기보다는 5번 중에 3번을 지켰다면 성공했다고 생각하면서 스스로를 칭찬하고 인정해 주면 됩니다. 그리고 다시 원칙을 지키려 노력하고 '내가 바라는 대로 된다'라는 믿음을 키워나가면 원하는 대로 이루게 될 거라 믿습니다.

엄마를 걱정하는 8살 아이,
괜찮을까요?

사춘기가 시작된 오빠 때문에 집안 분위기가 안 좋거나 저랑 아들 사이에 갈등이 생기면 동생인 8세 딸 기분은 어떨까요? 딸에게 미안하다고 하면 "엄마가 미안할 일은 아니지"라고 말하는데 딸은 정말 괜찮은 걸까요?

엄마의 안정감이 유아의 안도감으로

 유아동은 환경의 영향을 어느 정도 받을까요? 행동심리학자인 왓슨은 환경사건과 자극·반응이라고 주장했습니다.
 예를 들어 아이가 특정 행동을 할 때 엄마가 큰소리를 치면 자극이 되고, 아이는 반응할 것입니다. 이런 상황이 지속되면 아이는 엄마 목소리뿐만 아니라 큰소리에 불편하게 반응하게 되는데 특정 행동과 엄마의 큰소리가 환경사건이라 할 수 있습니다.

즉, 모든 행동은 환경사건으로 인해 통제될 수 있다는 것이 왓슨의 생각입니다.

그럼 질문에서 동생에게 환경사건은 무엇일까요?

자신과 무관하게 발생하는 엄마와 오빠의 갈등이 환경사건이 될 수 있습니다. 오빠의 행동으로 힘들어하는 엄마를 보며 딸은 반응하게 되는데 그 반응이 걱정으로 나타나고 있고, 이때 딸에게 자극은 힘들어 보이는 엄마가 될 수 있습니다.

엄마 잘못은 아니라고 말하면서 엄마 안위를 지키려는 아이는 무슨 마음으로 그렇게 표현할까요?

아이의 마음은 엄마가 힘들거나 잘못될까 봐 불안할 수 있습니다. 엄마가 안정되어야 자신도 안심할 수 있기 때문에 엄마 편이 되어서 지키려고 하는 것입니다.

보상하는 마음도, 측은한 마음도 지양해야

엄마가 첫째 아이인 아들과의 갈등에서 느끼는 힘든 마음을 딸을 통해서 채우고 보상하는 것은 엄마 자신에게도 딸에게도 바람직하지 않습니다.

또, 잘못이 없는 동생이 피해를 본다는 생각에 더 잘해주려는 마음과 태도도 마찬가지로 옳지 않습니다. 그러므로 다음과 같은 표현은 주의합니다.

"오빠가 말을 안 들으니 너라도 잘해라."

동생은 엄마의 바람대로 해야 한다는 부담감을 느끼거나 시간이 지나면 반발심이 생기기도 합니다.

"오빠보다 너는 말을 잘 들어서 엄마가 좋다."

엄마에게 인정받고 사랑받으려면 말을 잘 들어야 한다고 생각할 수 있어서 자신의 감정과 생각을 충분히 표현하기가 어렵습니다.
동생이 집안 분위기에 영향을 안 받을 수 없겠지만 부모는 보상이나 안쓰러운 마음 어느 쪽으로도 치우치지 않도록 자연스럽게 대하는 것이 좋습니다. 동생은 동생, 오빠는 오빠로 경계를 분명히 하면 평화로울 수 있습니다.

남매가 직접 대화할 수 있도록 지켜봐 주세요

두 아이를 비교하거나 연관 지어 표현하지 말아야 합니다. 집안 분위기가 안 좋거나 갈등이 생겼을 때 오빠의 사춘기 때문이라고 탓을 하는 것도 남매 관계와 집안 분위기에 도움이 되지 않습니다. 갈등이 생기면 그 상황에 맞춰 사건과 사실 중심으로 현실적인 방법을 모색하고 해결책을 찾아야 합니다.
오빠가 사춘기를 겪고 있어 불편한 일이 생긴다고 인식하게 되면 오빠에 대한 감정이 나빠져서 이후 관계에도 영향이 미치기 때문입니다.
간과하기 쉬운 것은 부모가 오빠에게 동생 입장을 대변하여 훈계하는 것입니다. 이는 동생에 대한 감정을 자극하는 일이 되므로 주의해야 합니다. 일부러 친밀한 관계를 유도하거나 잘 지내라고 강요하지 않는 것이 오히려 남매 관계에 도움이 되고, 특별히 개입해야 하는 상황이 아니라면 남매가 직접 대화하고 조율할 수 있도록 여유 있게 지켜봐 주는 것이 좋겠습니다.

동생은 정말 괜찮을까요?

엄마에게 표현하는 모습으로 미뤄 짐작해 보면 현재는 괜찮을 수 있습니다. 다만, 보이지 않는 부분들을 섬세하게 살피면서 동생의 속마음을 알아주는 것이 필요합니다.

정서는 상황과 동시에 실시간으로 발생해서 상황이 종료된 이후까지도 생명력을 지속하게 됩니다. 동생은 오빠와 엄마 사이에 다툼이 발생할 때 겉으로는 괜찮아 보이지만 갈등이 마무리되어 일상으로 돌아가도 불편한 정서는 여전히 잠복되어 있습니다.

보이는 것이 아닌 보이지 않는 것을 미리 감지하고 살피는 것이 예방입니다.

아이를 과잉보호하는 엄마,
왜 그럴까요?

남편은 제가 일곱 살 된 딸을 과잉보호한다고 합니다. 제가 생각해도 그런 면이 있는 것 같아요. 안 그래야지 하면서도 잘 고쳐지지 않는데 왜 자꾸만 과보호하게 될까요?

엄마의 정서에 대해 생각해 봅니다

아이를 과잉보호하는 것은 엄마 자신의 정서와 밀접한 관련이 있습니다. 정서는 불변과 가변으로 나눠볼 수 있는데 불변의 정서는 영유아기에 형성되어 심리체계 저변에 자리 잡은 것이고, 이후 성장하면서 다양한 경험으로 인한 정서는 상황에 따라 변화가 가능합니다. 엄마가 아이를 과잉보호하는 것은 불변하는 정서에 의한 것으로 추정할 수 있습니다.

가족치료의 선구자인 데이비드 레비 David Levy 에 따르면 성장하면서 사랑받지 못한 엄마는 자녀를 과잉보호하게 되는데 어떤 엄마는 힘을 휘두르는 방식으로 또 어떤 엄마는 지나치게 방임하는 방식으로 자녀를 과잉보호한다고 합니다. 힘을 휘두르는 엄마 아래서 자라는 자녀는 집에서는 순종적이지만 사회성이 떨어집니다. 반면에 방임적인 엄마의 자녀는 집에서는 반항적이지만 외부에서는 모범적으로 행동하게 됩니다.

'힘을 휘두른다'의 의미는 양육자의 통제적, 지시적인 태도를 의미하고 '방임하는 형태의 과잉보호'는 양육자의 결핍된 사랑으로 인해 사랑을 주는 방법을 잘 모르기 때문에 방임이 오히려 보호가 되는 것을 의미합니다. 아이를 과잉보호한다면 이 두 가지 중 어느 쪽에 가까운지 살펴보길 바랍니다.

힘을 휘두르는 방식으로 과잉보호를 한다면

통제는 불안한 마음의 표현 방식일 것입니다. 양육자는 본인의 불안한 마음 때문에 자신이 생각하는 대로 원하는 대로 아이가 행동하기를 바랍니다. 그래야 안심할 수 있기 때문입니다. 그래서 통제하고 지시와 명령하는 방식을 취하게 됩니다. 이런 모습은 자칫 섬세한 돌봄으로 보일 수 있지만 좀 더 속을 들여다보면 양육자의 마음대로 하려고 하는, 그렇지 않으면 불편하고 불안함을 느끼는 정서가 있습니다. 힘을 휘두르는 방식은 자신의 불안을 해소하는 방식으로 상대적으로 약자인 아이는 자율적인 힘을 발휘하지 못한 채 순종적인 모습을 보이게 됩니다. 이는 아이에게 자율성이 없는 일방적인 경험으로 상호적으로 소통해야 하는 사회성이 취약해질 수 있습니다.

그렇다면 어떻게 해야 할까요? 양육 상황에서 통제하는 지배적인 방식은 종적인 수직성을 띠게 됩니다. 횡적인 수평적 관계로의 변화가 필요하고, 수평적이지만 양육자의 권위를 배제하는 것이 아님을 유념해야 합니다. 또 아이의 안전을 위해서 혹은 생활의 질서와 규칙을 위한 통제가 결국 아이의 사회성, 더 본질적으로 자율성에 영향을 미친다는 인식도 필요합니다. 선의를 위한 것이라도 왜곡되게 인식하면 결국 악이 됩니다.

일상생활에서 "해라", "안 돼", "말을 들어라", "왜 자꾸 그렇게 하지", "이유가 뭐야" 등의 지시적이고 일방적인 표현을 청유형 대화로 바꾸고 습관화가 되어야 합니다. 청유형은 아이가 다양한 대답을 할 수 있는 개방된 표현이고, 반대의 경우는 답이 정해져 있거나 대답을 할 수 없는, 하기 싫은 폐쇄형 대화입니다.

방임하는 형태의 과잉보호라면

방임이라는 단어가 주는 느낌은 방치라는 의미와 유사하지만 방임은 '돌보거나 간섭하지 않고 제멋대로 내버려 둔다'의 사전적인 의미가 있고, 방치는 '그대로 내버려 둔다'로 정의됩니다. 방임은 방치의 '내버려 둔다'를 포함한 '돌보지 않고 간섭하지 않는다'입니다. 방임은 사랑과 관심이 필요한 아이에게 제공하지 않는 방식으로 무관심한 것이고, 원하는 것을 주지 않는 것으로서 과잉된 보호의 또 다른 양면적 모습입니다.

그렇다면 어떻게 해야 할까요?

양육의 기본은 양육 받는 아이의 마음을 느끼는 것입니다. 물론 마음이 오고 가는 길은 양방으로 열려 있어야 합니다. 일방통행은 정서적인 접촉이 이루어지기 어렵습니다.

스킨십이 충분한지 특히, 마음의 접촉이 어떤가를 살펴보길 바랍니다. 또 관심을 표현하길 바랍니다. 아주 사소하고 일상적인 내용이더라도 표현하는 것이 중요합니다. 아이들은 의외로 작은 관심으로도 자신이 사랑받고 있다고 느낍니다. 평소에 아이가 했던 말들을 기억하고 있다가 적당한 상황에 알려주는 것도 도움이 되는데 이는 양육자가 인식하고 의지를 가져야 되겠지만 마음으로부터 관심과 사랑이 있을 때 훨씬 더 자연스럽게 표현됩니다.

그런데 과잉보호가 엄마의 성장기에 결핍된 사랑이 원인이라면 아이에게 적절한 사랑을 주고, 바람직한 양육을 한다는 것은 결코 쉬운 일이 아닐 것입니다. 자신이 다시 유아동기로 돌아가서 사랑을 받는다면 어떻게, 어떤 사랑을 받고 싶은지 상상해 본 후에 현재 내가 어떻게 하는 것이 좋을지 방향을 설정하면 어떨까요?

자신의 불변하는 정서 때문에 과잉보호한다고 해서 이를 개선할 수 없는 것은 아닙니다. 그럴 수밖에 없는 정서는 고착적일 수 있지만 원인을 알고 인식하면 양육에 대한 기준을 설계할 수 있습니다.

애착 형성의
골든타임을 놓쳤다면?

저는 9세와 4세 아이를 키우고 있는 엄마입니다. 첫째 아이가 아기 때 우울해서 잘 돌보지 못했는데 그래서 그런지 아이가 여러모로 힘들게 하는 점이 많습니다. 상대적으로 둘째 아이 아기 때는 훨씬 더 잘 돌보았고 현재도 안정되게 잘 자라고 있어요. 두 아이의 차이를 보면 분명히 처음 시작을 어떻게 했는지가 원인인 거 같은데 이미 중요한 시기를 놓쳐버렸다면 회복할 방법이 없는 걸까요?

생후 3개월까지가 골든타임입니다

아기에게 애착이란 양육자와 친밀한 정서적 관계를 형성하고 유대가 이루어지는 것을 의미합니다. 이때 형성된 애착은 성인에 이르기까지 많은 영향을 미치게 되며 모든 관계에 기본이 된다고 할 수 있습니다. 애착이라는 개념을 처음 제안한 존 보울비는 초기 애착의 중요성을 강조했습니다. 생후 3개월까지가 골든타임이고, 6개월 이후 1년까지도 역시 중요하며 이어서 3년까지를 애착 형성의 기간으로 보았습니다.

애착 형성은 반응·제공·접촉입니다.

3개월 이전의 영아와 어떻게 애착을 형성해야 할까요? 아기는 돌보는 사람이 누구인지 알기 전에 본능적으로 자신의 불편함을 해결해 주는 사람으로 느끼게 됩니다. 적절한 반응과 필요한 돌봄을 제공해야 아기는 안전하고 편안한 느낌을 받게 되고 점차 자신의 불편함을 해결해 주는 대상을 신뢰하며 긍정적인 애착을 갖게 됩니다.

이때 접촉과 반응 제공이 중요합니다. 아이가 배고프거나, 배변 상황이거나 춥거나 덥거나 할 때 편안할 수 있게 돌봐주는 것이 애착 형성의 기본이라 할 수 있습니다. 엄마가 초기 양육을 전담하는 경우라면 출산 후 아직 회복이 완전하지 않기 때문에 질적인 돌봄이 어려울 수 있습니다. 질문자의 산후 우울은 아이와 애착을 형성하는 데 어려움을 주는 요소입니다. 자신의 정서적 건강을 챙겨야만 아이와의 애착 형성도 잘 이루어집니다.

애착 형성이 잘되고 있는지 어떻게 알 수 있을까?

· 3개월 이전: 초기 애착을 형성하는 시기로 확인되어지기보다는 이루어가는 과정입니다. 상호 교감이 이루어지기 어려우므

로 양육자가 아이의 상태에 민감하게 반응하며 불편하지 않게 안아주는 환경과 필요를 제공하는 것이 중요합니다. 이때 양육자는 자신의 온기 있는 정성스러운 태도를 아이가 모두 느끼고 있다고 인식하면서 마음을 담아 애정으로 돌보는 것이 중요하겠습니다.

・3개월~1년: 양육자의 반응에 다시 반응하는지 살핍니다. 옹알이를 충분히 하는지 울음이 적당한지 표정이 어떠한지 언어적 신체적 발달이 비교적 단계별로 이루어지고 있는지를 체크합니다. 또한 아이컨텍이 자유롭고, 이름을 부르면 반응하는지 확인합니다.

・1~4년: 이 시기에는 분리와 결합이 원활한가를 살핍니다. 양육자와 분리되는 과정에서 불안하고 두려워하는 정서를 보이는 것은 자연스럽지만 너무 지나치거나 장기간 이어진다면 애착적인 부분을 점검해야 합니다. 예를 들어 보육 기관을 처음 갈 때 분리되는 과정에 일주일 정도 어려움이 있고 이후 자연스럽게 분리된다면 비교적 안정적 애착이라 할 수 있습니다. 이와 같은 경우는 타인에 대한 경계심이 낮은 편이고, 낯선 환경 적응이 양호합니다.

・4~7년: 또래 관계 형성이 잘 이루어지고, 타인에 대한 관심과 다양한 욕구를 보인다면 애착 형성의 긍정 신호입니다. 감정을 적절하게 표현하며 자신이 사랑받고 있다는 것을 아는 것도

중요합니다. 갈등이 생기면 타협과 조율이 가능하고 함께 노는 것을 좋아하면서도 혼자서 노는 것도 잘하는지 살펴봅니다.

골든타임을 놓쳤다면 다시 시작해 보세요

생후 3개월까지의 중요한 시기에 애착 형성을 충분히 못했다면 다시 시작하면 됩니다. 다만 다시 시작하는 마음가짐은 특별해야 합니다. 애착을 형성하는 기본적인 방식은 똑같지만 처음 형성하는 시기와 다른 점은 아이의 반응에 따른 대응 방식과 좀 더 시간이 오래 걸리는 면이 있다는 것입니다.

대체적으로 상황과 환경에 따라 다른 애착을 형성하게 되는데 존 보울비는 애착 유형이라고 하여 다양한 애착의 모습을 분류하였습니다. 초기 애착 시기에 부족함이 있었다면 불안정 애착 유형으로 볼 수 있고 안정적인 애착으로 발전시킬 수 있지만 지속적이고, 일관성 있는 노력이 필요합니다. 어렵지만 불가능한 것은 아닙니다.

애착 형성을 다시 시작하기 위한 올바른 자세

- 자책하지 않습니다.
  부모로서 중요한 시기를 놓쳤다는 생각에 자책감이 들 수 있는데 그때는 그럴 수밖에 없었던 양육자의 상황을 인정하고 자신을 위로하며 다시 잘할 수 있다고 지지해 줍니다.

- **아이를 물리적인 나이와 심리적인 나이로 구별합니다.**
  심리적인 나이와 물리적인 나이로 구별해 아이를 바라보면서 심리적으로 어린 나이의 모습을 보일 때 더욱 민감하게 반응, 제공, 접촉을 해주면서 정서적 교감과 유대감을 키워 나가면 서서히 애착이 안정적으로 형성됩니다.

- **시간이 오래 걸리더라도 포기하지 않아야 합니다.**
  9세면 심리적으로는 어린아이라 하더라도 초기 아동의 특성들이 동시에 나타나게 되므로 영아 혹은 유아와 애착을 형성하는 것에 비해서 어려울 수 있는데 행동적인 부분은 적절히 통제하고 심리적인 부분은 수용하면서 꾸준히 반복합니다.

애착 형성을 위한 생활 속 TIP

① 자주 안아주며 스킨십을 한다. - 신체적 접촉
② 교감할 수 있는 눈높이 맞춘 대화를 자주 한다. - 심리적 접촉
③ "나를 사랑해?" "내가 싫어?" "미워?"라는 반복적인 질문에 진심으로 대답해 준다. - 긍정적인 반응
④ 사랑받고 있다는 것을 느낄 수 있는 표현과 행동을 아끼지 않는다. - 충분한 제공

평화주의자 우리 아이?
싸우는 걸 싫어해요

저는 일곱 살 아들을 키우고 있습니다. 저희 아들은 친구들과 싸우는 것을 싫어합니다. 그래서 그런 상황이 되면 자신의 의견을 주장하지 않고 친구들에게 맞춥니다. 그런 수동적인 행동이 배려하고 이해심이 많은 것처럼 보이기도 하지만 자신이 원하는 것을 포기하거나 너무 참는 건 아닐까 걱정입니다. 친구들과 놀이할 때도 적극적으로 참여하기보다는 관전하는 것을 즐기는데 이유를 물어보면 놀면서 생기는 다툼이나 갈등이 싫어서 그렇다고 합니다. 이대로 괜찮을까요?

갈등을 회피하고 있는 건 아닐까요?

인간의 무의식을 발견한 정신분석가 프로이트는 일 : 일 혹은 일 : 다수와 관계를 잘 할 수 있으려면 심리적 발달 단계에서 성취해야 하는 부분이 있다는 것을 강조했습니다. 영아는 처음에는 양육자인 엄마와 밀접한 관계를 형성하고 이후 제3의 대상이라 할 수 있는 아빠의 존재를 인식하게 됩니다. 세 명의 관계를 경험해보지 못한 유아에게는 새롭고 낯설며 알 수 없는 영역에 해당합니다. 이때 처음으로 실제 갈등을 경험하게 됩니다.

예를 들어 기어다니는 아이에게 엄마와 아빠가 서로 "이리 와"라고 부르면 아이는 심리적으로 어떨까요? 그 순간은 익숙한 애착 대상에게 가겠지만 성장하면서 경험하는 다양한 상황에서 선택과 갈등의 순간에 아이는 어떻게 반응할까요? 엄마와 유독 친밀하고 아빠는 밀쳐내는 아이가 있습니다. 반대의 경우도 있는데 엄마·아빠·아이, 세 명이 모두가 잘 어우러지기는 쉽지 않습니다. 이는 유아가 최초로 경험하는 사회라고 할 수 있으며 이때부터 갈등을 경험하고 해결하는 방법을 나름대로 터득해나가게 됩니다. 갈등의 상황을 피하면 아무 일도 일어나지 않으므로 평화를 유지하겠지만, 갈등을 잘 해결했다고 볼 수는 없습니다.

프로이트가 말하는 심리적 발달에서 성취해야 하는 것은 자신과 반대 성, 혹은 동일한 성의 부모와 잘 지낼 수 있는 능력을 의미합니다.

어떻게 하면 엄마, 아빠, 자녀 셋이 잘 지낼 수 있을까요?

아이들의 놀이 상황을 지켜보면 둘이서는 잘 노는데 셋 이상만 되면 싸우고 갈등이 생기는 경우가 종종 있습니다.

이런 상황은 부모에게도 스트레스지만 아이들은 때론 감당하기 힘든 심리적 고통을 느끼기도 합니다. 잘 노는 아이가 건강하고 행복하다는 말의 이중 의미는 아이가 둘 이상의 친구들과 놀이가 원만한가입니다.

그렇다면 왜 셋이 중요할까요? 아이의 탄생은 엄마와 아빠의 결합 결과물로 셋이 되고 이것이 사회를 구성하는 기초 단위라 할 수 있습니다. 둘의 경우 의견이 동일하거나 다를 경우 조율이 비교적 용이하지만 셋은 더 세밀한 조율과 중재가 필요하게 됩니다. 셋 이상의 사람들과 지내면서 발생하는 다른 의견, 갈등을 조율하는 것은 관계의 중요한 요소가 됩니다.

상식적으로 사회성은 다수의 사람들과 잘 지내는 것을 의미합니다. 아이들은 엄마·아빠·자신의 삼각구조에서 갈등을 다루고 의견을 조율하고 합의점을 찾을 수 있는 능력을 키우게 되는데 이는 모든 관계에 기본이 되며 셋 이상의 또래 집단에서도 원만하게 지낼 수 있게 됩니다.

놀이에 대한 생각을 확장해 볼까요.

질문에서 아이가 또래 놀이에 적극적으로 참여하지 않고 관전한다고 했는데 이렇게 생각해 보면 어떨까요? 예를 들어 야구라는 스포츠는 직접 경기에 참여하는 선수와 관람하는 관객들이 야구를 즐긴다는 공통분모를 가지고 있습니다. 야구를 직접 해야만 즐기는 것이라고는 할 수 없습니다.

대부분 부모는 아이가 놀이에 적극적으로 참여하고 주도적인 역할을 담당해주기를 바랍니다.

요즘 유행하는 말처럼 인싸 insider 아싸 outsider의 이분적인 관점으로 보면 놀이를 지켜보는 아이는 아싸 outsider로 보이지만 놀이의 개념과 의미를 확장한다면 지켜보면서 놀이의 재미를 함께 느끼고 있는 아이는 인싸와 아싸의 중간쯤에 자리합니다.

이 경우 아이를 바라보는 부모의 시선이 중요한데 놀이에 참여하라고 강요하거나 아이가 친구들의 놀이 상황을 지켜보고 있는 모습에 대해 부정적인 반응을 보이면 아이는 자신에 대한 인식을 왜곡할 수 있습니다.

그렇게 되면 놀이의 본질적인 재미를 느끼는 질적인 면은 축소되고 형식 혹은 보이는 것에 신경을 쓰게 될 수 있습니다. 자신의 내적 만족보다 타인에게 보이는 모습, 평가에 민감하게 반응하게 됩니다. 놀이에 대한 올바른 인식과 개념의 확장은 아이의 성장에 긍정적인 영향을 미칩니다.

수동적인 아이에게는 수동적으로 대응하세요

아이가 소극적이며 수동적이라면 반대의 개념으로 적극적인 방법을 제시하기 쉽습니다. 그러나 수동적인 아이의 특성을 잘 이해한다면 오히려 동질적으로 반응해 주는 것이 더 효과적일 수 있습니다.

수동적인 아이의 놀이 특성

- 탐색하는 시간이 길다.
- 충분히 이해해야 시작한다.
- 환경의 영향을 많이 받는다.
- 권유나 제안을 받으면 오히려 더 주춤한다.
- 자신의 정서가 편안하게 안정될 때 할 수 있다.
- 시작만 하면 집중하며 몰입할 수 있다.

부모의 적극적인 반응이나 유도는 아이를 더 움츠러들게 할 수 있으니 기다려주면서 감정을 읽어주는 자연스러운 태도가 필요합니다. 아이가 친구들의 놀이에 참여하지 않고 지켜보고 있는 경우 "얼른 가서 같이 놀자고 해 봐! 엄마가 가서 말해 줄까? 네가 이러고 있으니 친구들이 너를 안 부르지"라고 하기보다는 "친구들이 무슨 놀이를 하고 있니? 어떻게 보여? 좀 지켜보면서 OO가 어떻게 할지 생각해 보자"라는 말이 아이가 상황을 살피고 파악하는데 도움이 됩니다. 물론 놀이 상황에 따라 여러 가지 변수가 많을 수 있어 기다리다 친구들의 놀이가 끝나버리거나 타이밍이 맞지 않아 놀이에 합류를 못할 수도 있습니다.

그러나 아이는 시행착오 경험이 쌓이면 자신이 어떻게 해야 하는지 방법을 터득합니다. 중요한 점은 부모의 유연하고 적절한 반응입니다. 부모의 심리적 지지와 애정과 관심을 충분히 담은 수동성이 아이의 능동성을 키우는 데 도움이 될 수 있습니다.

"왜?"라고 질문하는 아이,
반발하는 것처럼 느껴진다면?

열 살 난 아들은 무언가 정해진 사실에 대해 의문점이 많습니다. 그래서 그런지 "왜?"라는 질문을 자주 하는데 단순히 궁금해서가 아니라 반발하는 것처럼 느껴집니다. 아이는 어떤 심리일까요?

'왜'라는 질문의 이중성은 호기심으로부터 시작합니다

유아의 눈에 비치는 세상은 궁금한 것들 투성이고, 아동에게 세상은 의문점이 많은 문제집과도 같습니다. 궁금과 의문의 차이는 무엇일까요? 궁금한 것은 무언가를 알고 싶은 것이고, 의문은 어떤 문제나 사실을 의심스럽게 생각하는 것입니다.

유아는 처음 경험하는 많은 것들이 신기할 것입니다.
이때 주변에서 아이의 '왜'라는 질문에 반응하고 성의 있는 답을 해주면 건강한 호기심을 키워갈 수 있고, 정서적으로 안정됩니다.

그리고 아동으로 성장하면서 일상의 다양한 현상에 대한 의문들을 긍정적으로 표현할 것입니다. 반대로 '왜'라는 질문에 대해 부적절한 반응을 받는다면 심리적 만족감이 불충분하게 되어 이후 의문들과 호기심은 부정적인 경향을 띠게 됩니다.

이렇듯 '왜'라는 질문이 내포하는 궁금과 의문에 따른 긍정과 부정은, 유아기에 지극히 당연하고 자연스러운 욕구인 호기심의 충족 여부에 따라 이중성, 즉 두 얼굴을 갖게 됩니다.

역질문, 적당한 호응, 열린 답이 효과적

둘로 나뉜 이중성을 통합하기 위한 방법은 상호작용입니다. 아이들의 끊임없는 질문에 일일이 답을 하는 것이 쉽지만은 않습니다만, 아이들 역시 질문에 대한 정확한 답을 듣고자 하는 것이 아닙니다. 그저 반응하는 부모의 관심과 애정 확인으로 만족감을 얻게 됩니다.

궁금한 것을 스스로 알아보려는 아이의 탐구심을 키워주려면 아이의 질문에 대해 역질문을 하거나 적당한 호응과 사고가 확장될 수 있는 열린 답을 주는 것이 좋습니다.

질문자가 아이의 질문에서 반발심을 느꼈다면 양육방식에서 통제와 지시에 대한 부분을 점검해 보길 바랍니다.

바람직한 대화는 일방이 아닌 상호성을 기본으로 합니다.

친화적 혹은 반사회적 경향성의 차이는 무엇일까요?

아동기 이후 관계 방식은 다양한 양상으로 나타납니다. 그중 사회 속에서 대비되는 점을 살펴보겠습니다.

유아기에 호기심이 양육자의 관심으로 충족되고, 아동기에 의문점이 양육자의 좋은 반응으로 인해 해소된다면 아이에게 세상은 위협적이거나 두려운 것이 아닌 끊임없이 탐색하고 알아가고 싶은 안전한 놀이터 같을 것입니다.

이를 기반으로 사물과 현상에 대한 따뜻한 시선과 분별력 있는 성향이, 그 반대의 경우는 거부, 저항, 의심 등 불편한 시선과 편협한 성향이 형성될 수 있습니다.

사회적, 반사회적인 태도는 수용의 경험에 따라, 친화적 비친화적인 관계 방식은 공감의 경험 정도에 따라 정해진다고 볼 수 있습니다. 다시 말해 영아기부터 유아기까지의 양육 환경과 돌봄의 중요성을 되새겨볼 만합니다.

*비사회와 반사회의 특질을 구분합니다. 비사회는 사회에 관계되지 않거나 사회성을 지니지 아니함이고, 반사회는 사회의 규범이나 질서 또는 이익에 반대하는 것입니다.

"아이에게 잘못된 질문은 없다"

아동기인 아이의 '왜'라는 질문에서 반발심이 느껴진다면, 흔히 사춘기가 빠르게 왔다고 생각하기 쉽지만 성급히 단정하지 말고 좀 더 주의를 기울일 필요가 있습니다.

예를 들어 아이가 자기주장이 강해서 주어진 대로 따르고 싶지 않기 때문에 납득이 되어야만 받아들이겠다는 것일 수도 있고 아니면, 주어진 것에 반대하는 입장을 피력하기 위해 방어 차원으로 '왜'냐고 묻는 것으로 볼 수도 있습니다.

또, 심리적 반발로 나타나는데 이는 강박적 불안이 원인일 수 있습니다. 주어진 대로 따르면 무언가 잘못될 것 같은 막연한 두려움 때문에 반대로 하거나, 따르지 않는 것으로 자신의 입장과 존재감을 스스로 확인하는 것입니다.

이러한 심리적 반발은 남들과 다르게 하고 싶은, 유일한 나로서 존재하고 싶은 독보적인 심리 작용과 그 원리가 유사합니다.

아이의 심리를 알고 이해했다면 질문 너머 아이의 정서를 보고 마음으로 읽어주고 받아주면 됩니다. 양육자의 세심한 반응과 인내가 아동기에만 가능한, 평생의 삶을 빛나게 할 황금 키를 만들어 낼 것입니다.

질문할 수 있어야 답을 얻을 수 있습니다. 아이에게 잘못된 질문은 없습니다. 잘못된 반응만 있을 뿐입니다.

태아에서 처음 만난 사람 '엄마'와 헤어질 결심

3부 엄마와 아이 관계는 할 이야기가 너무 많아서 마음이 안절부절 동동거려지는 주제이다. 그도 그럴 것이 그만큼 중요하기 때문이고, 아무리 잘하려고 해도 잘못하기 쉬운 복잡한 내용들이 얽혀있어서 모든 엄마의 후회와 반성이 끊임없이 이어지고 있기 때문이기도 하다. 그럼에도 방법을 찾으려는 의지와 노력이 양분이 되어 엄마인 우리를 성장시키고 있다는 생각이 든다.

엄마와 연결되어 있던 아기가 세상으로 나와 엄마가 아닌 누군가, 세상과 연결하기 위한 고군분투를 지켜봐야 하는 엄마의 마음을 누가 알까? 아마도 아기를 자궁 속에 품고 있었던 또 다른 엄마들이 아닐까 한다.

우리는 누구나 생의 초기에 엄마와 최초의 경험을 한다. 그것이 양육방식이거나 애착 형성의 과정이거나 내적 대상 체계의 전이이거나 말이다. 나와 엄마의 관계를 알아야 나와 나의 아이의 관계를 이해할 수 있다는 말이 마치 가계도와 같이 도식화되어 들린다면 어느 정도는 맞고, 상당 부분은 서술로 풀어야 할 부담감을 느끼지만 짧지 않은 시간 엄마와 아빠의 고민을 들으면서 느낀 한 가지 사실은 부담을 상쇄시킬 만큼 소중한 것이었다. 그것은 어떻게 하면 우리 아이를 잘 키울까인데 나는 이 말이 마치 '어떻게 우리 아이를 사랑할 수 있을까?'로 들린다. 에밀 아자르의 소설 <자기 앞의 생>에서 모모가 던졌던 '사람이 사랑 없이 살 수 있냐'는 질문에 세상은 답해야 하지 않을까? 어쩌면 아이들이 먼저 무언의 답을 계속해서 보내고 있을지도 모른다. "사랑을 달라"고.

4부

형제 그러나 가끔은 적군

동생을 마음으로부터
받아들일 수 있을까요?

첫 아이가 일곱 살이고, 현재 둘째를 임신 중입니다. 출산이 임박해 오니 걱정이 많아집니다. 주변에서 동생이 태어난 후 첫째 아이가 이상 행동을 하거나 정서에 문제가 생기는 경우를 많이 봤는데 어떻게 준비해야 첫째 아이가 동생을 잘 받아들일 수 있을까요?

적군을 맞이하는 아이는 어떤 마음일까요?

혼자 있던 첫째 아이에게 동생이 생기면 부모는 함께할 수 있는 동생이 생겨서 첫째 아이에게 좋은 일이라고 생각합니다. 부모는 "동생이 태어나면 사이좋게 잘 지내야 해, 더 의젓해지는 거야, 네가 그렇게 원하던 동생이니 잘 할 수 있지?"라고 하면서 동생을 맞이할 준비를 하라고 다독입니다. 그러나 동생이 태어나면 어떻게 해야 하는지 가르침을 받는 첫째 아이는 정작 자신의 마음이 어떤지 표현하기가 쉽지 않습니다.

동생이 태어난 후에 자신이 어떻게 하게 될 거라는 걸 미리 알 수 있을까요? 아이는 상상 속에 있는 동생이 실제로 나타나면 엄청난 정서적 충격을 경험하게 됩니다. 부모는 첫째 아이에게 '어떻게 하라'가 아니라 자신이 어떻게 할지 상상하게 도와주는 게 더 중요합니다. "OO는 동생이 태어나면 어떨 거 같으니? 엄마는 OO가 어떤 느낌일지 궁금해"라는 대화가 바람직합니다.

동생이 태어나는 일은 기쁘고 행복한 일이 분명하지만 아이가 그렇게 긍정적으로 느끼기를 기대한다면 오히려 아이는 정서를 표현하는 데 자유롭지 못합니다. 부정적 반응을 충분히 받아 주고, 허용해 주어야 합니다. 첫째 아이는 동생의 존재를 현재 자신이 받는 사랑을 뺏는 적군이라고 느낄 수 있고, 그런 감정이 동생이 태어난 후에 이상 행동을 하는 원인이 될 수 있습니다.

대화의 주체는 첫째 아이가 되어야

동생이 태어나면 ⇨ OO에게 동생이 태어나면
동생을 잘 챙기는 OO ⇨ OO는 동생을 참 잘 챙기는구나

첫째 아이가 주체가 되도록 대화를 유도해 주면 자신의 정체성을 분명하게 느낄 수 있어서 동생에게 부모의 사랑을 빼앗긴다는 느낌을 덜 받을 수 있습니다. 보통 첫째 아이들은 자신의 것을

동생에게 빼앗기지 않으려고 필사적으로 노력합니다. 겉으로는 물건, 영역 등 물질적, 외부적인 것으로 보이지만, 실제로는 부모의 심리적인 공간에서 밀려나는 것을 두려워하기 때문입니다.

동생이 태어나면 첫째 아이에게 이것만은 하지 마세요

1. 비난하지 마세요.
 "동생이 있는데 그렇게 아이처럼 행동하니?"
동생이 태어나면 첫째 아이의 정서적인 퇴행은 자연스러운 현상입니다. 자신도 아기가 되어야 부모의 돌봄을 받을 수 있다고 느끼기 때문입니다.

2. 사랑의 표현을 미루지 마세요.
 "조금 있다가 아기 재우고 해줄게"
"안아달라" "놀아달라" 요구가 많아지는데 가능하면 즉각 반응해 주세요. 바로 해줄 수 없는 상황이라면 아이를 안아주면서 "5분만 기다려주겠니?"라고 이야기해 주세요. 자신보다 동생을 더 신경 쓰는 엄마를 보면서 소외감을 느끼기 때문입니다.

3. 과장된 칭찬은 하지 마세요.
 "어쩌면 동생을 그렇게 예뻐하니, 정말 OO 최고야"
동생을 좋아하고 예뻐하는 것은 긍정적이지만 너무 지나칠 경우 부모의 관심과 사랑을 받기 위해서 하는 행동일 수도 있기 때문에 과장된 칭찬보다는 보이는 대로 행동을 읽어 주면 됩니다. "OO가 동생 우유병을 가져왔네, 고마워"라고 하면 됩니다.

첫째 아이에게 꼭 해주어야 하는 것

동생이 태어나기 전

가족의 친밀감을 높이고 첫째 아이에게 부모에 대한 신뢰감을 심어 주세요. 자신이 충분히 사랑받고 있다고 느끼면 힘든 상황도 잘 극복해 나갈 수 있는 힘이 생기게 됩니다. 동생을 맞이할 준비를 함께하면서 가족의 구성원으로서 역할을 느끼게 해줍니다. 또, 첫째 아이가 태어났을 때의 상황이나 성장 과정을 함께 나누면서 자신이 소중한 존재라는 것을 일깨워주어야 합니다. 첫째 아이의 어릴 적 추억이 담긴 사진을 함께 보면서 설명해주는 것도 하나의 방법입니다.

동생이 태어난 후

첫째 아이가 정서적인 충격으로부터 편안해지고 환경의 변화를 받아들이려면 충분한 시간이 필요합니다. 부모가 심적 여유를 가지고 기다려주는 것이 첫째 아이가 동생을 마음으로 받아들이는 데 도움이 됩니다. 첫째 아이가 담길 심리적 공간을 반드시 지켜주세요. 부모 마음 안에 머물고 싶은 아이의 정서를 이해해 주고 따뜻하게 공간을 허용해 준다면 그 공간으로 동생을 초대하리라 생각합니다.

형바라기 동생, 동생 귀차니즘 형

저는 8세와 6세 아들을 키우고 있는데 형제 사이가 좋았다 나빴다 하면서 하루도 조용한 날이 없습니다. 동생은 형을 좋아해서 뭐든지 함께하고 싶어 하는데 형은 동생이 부담스럽고 귀찮은지 짜증을 부리고 동생을 불편해하는 것 같습니다. 형제들은 싸우면서 큰다고 하지만 둘의 전쟁이 부부 싸움으로 이어지고 집안 분위기에 많은 영향을 미치고 있어서 고민이 됩니다.

형제들 싸움의 공식을 알고 계시나요?

유아동기의 형제 관계는 사회성을 키울 수 있는 중요한 시기입니다. 부모는 자신들의 공식을 이해해주는 첫 번째 대상으로, 적절한 반응과 올바른 안내가 형제 관계의 질서를 바로 잡는 데 도움이 됩니다. 형제 싸움의 공식은 부모의 사랑을 독차지하기 위한 것이며 이들 공식에 대한 이해가 충분할수록 가정이 평화롭습니다.

형과 동생의 다른 주장

보통 형제간 다툼에 부모들은 어떻게 대응할까요? 대부분이 사실을 기반으로 옳고 그름을 판단해서 훈육해야 한다고 생각합니다. 부모가 한편으로 치우치거나 감정적으로 대응하는 등 편애의 경향이 있을 때 아이들은 공정하지 않다며 억울함을 표출하거나 속상해 합니다. 형제의 공식, 주장을 이해하려면 형제 각자의 입장을 세심하게 살필 필요가 있습니다.

<u>첫째 아이의 공식</u>

- 왜 동생은 나를 귀찮게 할까? (자기중심적)
  먼저 나를 건들었기 때문에 나는 때릴 수밖에 없고 그래서 정당하다.
- 왜 동생은 내 말을 안 들을까? (권위적)
  동생이니 당연히 내 말을 들어야 한다.
- 왜 내가 참아야 할까? (이기적)
  "형이니까 참아라!" "형이면서 똑같이 하니!"라는 부모님의 말씀이 이해가 안 간다.
- 동생이 없었으면 이럴 일도 없잖아 (회의적)
  동생 없는 친구들은 이런 일로 부모님에게 혼나는 일도 없고 사랑을 독차지하는데….

둘째 아이의 공식

- **형은 나랑 안 놀아줘** (의존적)
  형이랑 놀고 싶은데 나를 싫어해서 안 놀아준다.
- **형은 나만 시켜** (저항적)
  놀아주지는 않으면서 동생이라고 심부름만 시켜서 싫다.
- **형은 엄마도 아니면서 나를 혼내** (반항적)
  엄마처럼 혼내는 형 말은 더 듣기 싫다.

두 아이 공식의 공통점

- 엄마, 아빠는 동생만 좋아해
- 엄마, 아빠는 형만 좋아해

아이들의 외침이 들리나요?

아이들의 불평, 불만이 일상이고 항상 같은 내용이라고 생각해서 제대로 안 듣고 있는 것은 아닌지 살펴보길 바랍니다. 부모가 중요하게 생각해야 하는 기본 공식은 '잘 들어주기'입니다.

"또 그 이야기니? 엄마가 그럴 때 어떻게 해야 한다고 했지? 형이 돼서 그렇게 밖에 못하니?" 이런 말은 금물입니다. 아이가 자신의 생각을 말할 때 반박하거나 꾸짖는 질문을 하면서 아이가 하고자 하는 말을 막아서는 안 됩니다. 잘 들어준다는 것은 아이의 입장이 되어서 경청해주는 것입니다. 설령 잘못된 사실을 말하더라도 아이의 마음을 이해하는 것이 중요합니다.

부모의 공식

- 왜 같은 말을 수없이 해도 안 되는 걸까?
- 다른 집 형제들은 사이좋게 지낸다던데, 우리 아이들은 왜 그럴까?
- 첫째 아이가 이해심이 부족해서 그래.
- 둘째 아이가 욕심이 많아서 그래.
- 남편이 혹은 아내가 형평성도 일관성도 없어서 그래.

부모와 아이들의 입장에 대한 공통점을 발견하셨나요? 하나같이 상대를 탓하면서 자신들의 힘든 처지만을 주장하고 있습니다. 내가 어떻게 하고 있는지, 내가 어떻게 해야 하는지에 대해 생각해야 합니다.

'가족의 공식'을 함께 만들어 보세요

가족의 역할에 대해 이해하고 각자 수행해야 하는 부분을 명확하게 설정합니다. 평소에 가족의 고유성을 토대로 몇 가지 공식을 만들어 두면 상황이 발생했을 때 적용하기 좋고 상황에 따라 조금씩 추가하거나 응용하는 것도 괜찮습니다. 다만 반드시 지켜야 하는 원칙에 대해서는 엄격해야 우리 가족의 공식이 가족 각자에게 공신력을 발휘하게 됩니다. 형제 관계는 타인을 이해하기 위한 첫 번째 관문입니다.

우리 아이는 친구가 세 명만 되면
꼭 싸워요

2학년인 딸은 친구들과 노는 것을 좋아하는데 세 명만 되면 꼭 싸우고 놀지 않겠다고 합니다. 단짝과 놀 때는 잘 노는데 왜 세 명만 되면 싸울까요?

최초 대상관계를 살펴봅니다

아이는 대인 관계를 엄마와 함께 시작합니다. 아이가 세상으로 나와 만나는 첫 번째 대상은 대체로 엄마입니다. 그때부터 이자二者관계가 시작됩니다. 아이가 생후 대략 6개월에서 12개월까지는 엄마와 심리적, 신체적으로 결속과 융합이 되어 있어 하나인 것처럼 느끼며 생활합니다. 이후 2~3세가 되면 심리적으로 여전히 연합되어 있지만 신체적으로는 엄마를 외부 대상으로 인지합니다. 아이는 엄마를 자신과 다른 타자로 인식하고 서서히 심리적으로 분리하기 위해 준비하게 됩니다. 아이는 심리적 분리를, 처음으로 집과 엄마를 떠나 어린이집과 같은 기관에 다니면서 경험합니다.

초기 대상관계인 엄마와 이자관계가 어떻게 형성되었는가에 따라 모든 관계의 기본 구조가 만들어진다고 볼 수 있습니다.

다음으로 엄마, 아빠와 함께 삼자三者관계를 경험합니다. 아이와 엄마가 이자관계를 맺고, 아이가 엄마에게 익숙해지면서 아빠의 등장이 의미를 갖게 됩니다. 흔히 세 명이 되면 둘, 하나로 나뉘며 편을 가르게 됩니다. 아직 인지기능이 미숙한 2~3세 아이 입장에서는 아빠가 자신을 좋아하고 예뻐해 주는 좋은 느낌을 받으면서도 엄마와 자신을 방해한다고 느끼기도 합니다. 간혹, 아빠와 아이가 결속이 되고 엄마가 방해꾼이 되는 경우도 있습니다. 아이가 엄마 아빠와 나누는 경험이 삼자, 다자관계의 시작입니다.

관계를 잘하려면 심리적인 분리가 필수

이자관계의 완성은 분리입니다. 아이와 엄마가 서로 하나처럼 느끼며 생활하다 어린이집을 다니기 시작하면서 물리적인 분리를 경험합니다. 보통 심리적 분리가 이루어지지 않으면 적응하는 데 어려움이 생기고 또래 관계도 원만하지 않습니다. 물론 신체적 분리에 비해 심리적 분리는 더 많은 시간과 노력이 필요합니다. 생후 1년 동안 애착이 잘 형성되고, 충분한 돌봄을 받으면 정상적으로 정서가 발달하고 일반적이고 보편적인 과정을 겪으면서 심리적 분리가 가능해집니다.

　엄마와 아이의 안정적인 관계를 전제로 한 아빠와의 삼자관계는 아이에게 세상을 배우는, 관계를 익히는 최고의 교과서와 같습니다. 삼자관계는 심리적 분리와 연합의 확장입니다. 2~3세 아이를 양육하는 부모가 아이를 사이에 두고 합심과 협력을 어느 정도 하는가는 아이의 심리 발달에 지대한 영향을 미칩니다. 아이가 엄마, 아빠와 함께 세 명이 잘 지낼 수 있다면 분리와 연합이 가능한 기본기를 익혔다고 볼 수 있습니다. 또래 친구들과 놀이 상황에서 반드시 필요한 기능이자 능력입니다.

심리적인 분리 여부를 어떻게 알 수 있을까요?

　심리적인 분리는 나와 너를 구분할 수 있는 경계가 세워졌다는 것을 의미합니다. 예를 들어 엄마가 아프면 그 사실 때문에 마음이 안 좋고 걱정스럽지만 그로 인해 자신의 일상이 무너지거나 생활을 못하지는 않습니다. 오히려 자신의 처지와 입장에서 할 수 있는 일을 하고, 상황에 맞춰 분별력 있게 행동할 수 있습니다. 나의 감정과 상대의 감정을 따로따로 분리해 생각할 수 있으며 영향은 받아도 무분별하게 동화되지 않는 건강한 주체성을 발휘합니다. 추가로, 통제로부터 자유로워집니다.

　심리적인 분리가 되지 않으면 통제 욕구가 높을 수 있습니다. 나와 상대가 융합되어 있으면 상대를 독립적인 객체로 인지하는 데 어려움이 있으므로 조종하거나 통제하려는 경향이 있습니다.

심리적으로 분리가 이루어지면 상대의 의견을 인정하고, 존중하게 되고 더 나아가 갈등을 조율하며 타협도 가능해집니다.

'지적질' 말고 '가이드'

부모는 아이가 친구들과 노는 상황을 관찰해 봅니다. 두 명이 놀 때와 세 명 이상의 친구와 놀 때 아이가 어떤 태도를 어떻게 취하는지 살펴보는 것이 중요합니다.

관찰 기준은 아이가 편을 가르는지, 자기중심적인지, 소유욕이 있는지, 혹은 소외감을 느끼는 것은 아닌지도 유심히 살펴봐야 합니다. 그리고 아이에게 직접 "어떤 마음인지? 왜 그렇게 하는지?" 들어보는 것이 필요합니다. 아이의 마음을 알고 이해해야 교육을 하거나 방향을 제시할 수 있습니다. 주의해야 하는 부분은 "네가 그렇게 하니 친구들이 싫어하지, 그렇게 하면 친구들이 안 놀아줘"와 같은 표현을 하거나, 친구들과 잘 지내라고 강요하거나 아이의 잘못을 지적하는 것입니다. 아이가 자칫 자책감을 느끼게 될 수 있고, 심리적으로 위축되어 자신감을 잃을 수도 있습니다. 아이가 친구들의 노는 모습을 관찰하도록 유도해 줍니다. 아이는 자신이 놀이 상황에서 어떻게 하고 있는지 잘 모릅니다. 아이에게 모델링을 보여주거나, 함께 나눌 모니터링 역할을 해주는 것이 좋습니다.

아이에게 어떻게 하라고 모범적인 답을 제시하는 것보다 스스로 알아가도록 도와주는 것이 바람직합니다.

오늘은 동지, 내일은 적인
남매의 전투

저는 5세 딸과 16개월 된 아들을 키우고 있습니다. 둘 사이는 좋은 편이지만 동생이 누나가 만지는 것은 모두 뺏으려 하고 놀이를 방해해서 누나인 딸이 스트레스를 받는 거 같습니다. 아무래도 일상생활이 어린 동생에게 맞춰지고 있어 딸에게 상황을 설명하고 이해시켜주고 있지만 딸도 아직 어린데 부정적인 영향을 줄 거 같아 걱정입니다. 어떻게 중재하고 도와줘야 남매 관계가 원만해질까요?

먼저 유아의 발달 단계를 충분히 이해합니다

유아의 발달을 인지적인 면과 심리적인 면으로 구분해서 알아보겠습니다. 스위스 심리학자인 장 피아제의 인지발달 이론에 의하면 두 아이 모두 감각운동기를 지나 전조작기에 해당합니다.

전조작기는 2~7세까지인데 5세는 단계의 중간 정도 시기이고 16개월이면 초기에 해당합니다. 이 시기의 특징은 인과관계, 비교 등의 개념을 아직 형성하지 못합니다. 또 다른 특징은 자기중심적인 사고입니다. 예를 들어 테이블 가운데 물건을 두고 마주 앉아서 반대쪽에 앉은 아이가 바라보는 물건의 모양은 어떨까 물어 보면 자신이 보는 모양을 말합니다. 이것이 자기중심적인 사고일 수 있습니다. 건너편에서는 관점이 다르다는 것을 모르고 자기가 보는 것과 똑같은 모습을 본다고 생각합니다.

미국 정신분석가 마가렛 말러의 연구에 의하면 심리적인 발달은 아이와 주 양육자인 엄마와의 심리 현상에 초점을 맞춘 가운데 아이가 엄마로부터 분리되는 과정이 단계적으로 이루어지고 있다는 것을 알 수 있습니다. 16개월의 아이는 정상적 자폐와 공생기를 지나 재접근기에 해당하며 이 단계의 특징은 공생단계에 머무르고도 싶고 양육자와 분리돼 개인으로도 살아가고 싶은 두 가지 마음으로 인해 혼란스러울 수 있으며 분리불안을 재경험하기도 합니다. 예를 들어 "내 거야, 내가 할래!"라고 자신의 소유나 의사를 주장하다가도 다시 엄마에게 의존하는 것을 의미합니다.

아군과 적군의 중재자는 부모입니다

발달 단계를 고려한다면 동생이 누나의 물건을 뺏으려고 하는 이유가 무엇이든 내 것으로 만들고 싶기 때문이고 뺏기는 누나의 기분이 어떨지에 대해서는 인지하지 못합니다. 그러므로 그로 인해 엄마에게 훈육받는 인과적 상황을 이해하지 못합니다. 내 것으로 만들지 못해 짜증이 나고 누나와 엄마의 부정적인 반응만을 정서적으로 느끼게 됩니다. 뺏기는 누나는 어느 정도 인과적 상황을 이해하고 동생이기 때문에 양보해야 한다고 상식적인 생각을 합니다. 그러나 5살 아이는 아직은 배려와 공감이라는 발달의 상위 수준에 도달하지 못하므로 표면적으로는 동생을 이해하고 양보하는 것처럼 보이지만 심리적으로 뺏기고 싶지 않은 마음이 존재하며 스트레스를 받을 수 있습니다. 이렇듯 서로의 발달과 심리적 상황이 달라서 생기는 생활 속 갈등을 중재하려면 부모의 역할이 중요합니다.

가장 지양해야 하는 점은 좀 더 성장한 첫째 아이에게 역할을 부여하고 요구하는 것입니다.

첫째 아이도 현재 성장 발달 중이므로 완성된 것은 아니라는 점을 인지하고 뺏기고 싶지 않은 마음을 알아주어야 합니다. 중재의 핵심은 균형입니다. 만약 한쪽으로 치우치면 편애와 소외라는 결과물이 나올 수 있다는 점을 인식하시길 바랍니다. 적군과 아군으로 비유되는 형제 전투의 목적은 부모의 사랑과 관심을 더 받고 싶다는 마음에서 시작합니다.

중재자는 시소 놀이를 잘해야 합니다

시소 놀이를 할 때 중심과 균형을 이루기가 참으로 어렵습니다. 형제, 남매는 부모의 사랑을 나누는 시소에 비유할 수 있는데 균형을 잃으면 한쪽으로 쏠리게 되고 반대쪽의 불만은 높게 올라가게 됩니다. 실제 시소 놀이가 재미있으려면 올라가고 내려가는 것이 적당하게 균형을 이뤄야 합니다.

심리적인 시소 놀이도 마찬가지입니다. 부모의 사랑이 적절히 주어질 때 아이의 정서가 안정됩니다. 하나의 사랑을 둘로 나누기보다는 아이 한 명 한 명에 해당하는, 각자 몫의 사랑이 따로 존재해야 한다고 생각해보세요.

중재자인 부모의 체크 리스트

과거
① 자신이 성장할 때 형제 관계는 어떠했을까?
② 부모에게 자신의 형제 관계에 관련한 불만이 무엇이었을까?
③ 자신의 부모는 형제를 어떻게 대했을까?

현재
① 자녀들 관계에서 중요하게 생각하는 것은 무엇일까?
② 부부가 양육 관련 충분한 대화와 소통을 하고 있을까?

부모의 자녀에 대한 태도는 심리적 균형감이 중요하지만 쉽진 않습니다. 자신의 성장 과정을 살펴보고 현재의 상황을 본다면 어떤 상황에 균형을 잃으며 중재를 어려워하는지 발견하게 되리라 생각합니다. 현상은 과거로부터 이어져 오는 과정의 결과물이고, 정서는 더욱 그렇다고 할 수 있습니다.

'오늘은 동지, 내일은 적'인 남매 관계 이렇게 해 보세요.

1. 발달 단계가 다른 아이를 이해하며 유연하게 반응합니다.

2. 갈등 상황에서는 두 아이를 분리한 후 감정이 진정되기까지 기다립니다.

   누나가 가지고 있는 장난감을 갖겠다고 하면 두 아이 모두 장난감을 제한하고 동생의 관심이 분산되는 동안 기다릴 수 있도록 유도합니다. 누나에게는 장난감을 소유할 우선권이 있다는 것을 인정해주고 누나 입장에서 내 것을 뺏긴다는 생각과 내가 먼저 놀고 있었는데 줘야 한다는 부당함이 억울하게 느껴질 수 있으므로 소유에 대한 정당함을 인정해줍니다.

3. 아이들에게 유독 분쟁이 많은 장난감이 있다면 두 개를 준비하거나 특별 관리 장난감으로 지정해서 부모가 적극적으로 개입합니다.

   타협하고 조율이 가능한 아이들로 성장하길 바란다면 필요한 시기에는 적절하게 개입해서 중재하는 것이 바람직합니다.

4. 아이들 각자 따로 시간을 갖게 될 때 충분히 사랑해 줍니다.

   아이와 시간을 가질 때는 동생, 누나와 관련된 교육적인 내용은 배제하고 온전히 자신만을 위한 대화와 놀이가 될 수 있도록 합니다.

늘 싸우는 형제
"엄만 왜 나만 미워해"

초등학교에 다니는 형제를 키우고 있습니다. 요즘 이 아이들이 서로 엄마와 아빠의 사랑과 관심을 조금이라도 더 받으려고 매일 '사랑 전쟁'을 치르고 있습니다. 말이 좋아 '사랑'이지, 싸움이 끊이질 않아 오히려 형제들끼리 사이가 더 나빠지는데, 이러다 관계가 회복하기 어려울 만큼 멀어질까 봐 걱정입니다.

아이들은 사랑의 샘물을 아무리 마셔도 갈증을 느낍니다

아이를 두 명 이상 키우는 가정에서 엄마는 "엄만 누가 더 좋아?", "엄만 왜 나만 미워해?", "엄마는 항상 동생만 더 예뻐하지"라는 투덜거림을 자주 듣습니다.

부모는 아니라고 부정하는데, 아이는 안 믿고 늘 사랑 타령을 하죠. 부모의 사랑은 마르지 않는 샘물일까요? 왜 아이들은 사랑의 샘물을 아무리 마셔도 갈증을 느끼는 걸까요? 부모가 마르지 않는 샘을 가지고 있다면, 아이는 밑 빠진 독을 가지고 있는 걸까요? 목이 마를 때 갈증을 해소할 만큼 물을 충분히 마시면 더는 물이 필요하지 않듯이 애정이 충족되면 사랑을 갈구하는 것도 자연스럽게 사라집니다. 우선, 아이마다 독그릇의 크기가 다르다는 것, 욕구의 정도가 다르다는 것은 형제의 사랑 전쟁을 분석할 때 첫 번째로 체크해야 할 부분입니다.

그렇기 때문에 "너는 사랑을 그렇게 주는 데도 부족하다고 하는 거니?" 혹은 "넌 왜 이렇게 욕심이 많니?"라고 아이 탓을 하는 반응은 적절하지 않습니다.

두 번째 부모의 사랑이 과연 공정하고 공평한가입니다. 부모가 형제 사이에서 공정하지 않으면, 아이는 사랑받지 못한다는 생각에 속상함 이상으로 화가 납니다. 그 화가 형제간의 싸움으로 이어지는 이유가 되기도 합니다.

세 번째 '공정하기 위해 정의가 지켜지고 있는가'입니다. 사회도 정의가 사라질 때 질서가 무너지고 혼란이 오는 것처럼 부모의 정의가 바로 서야만 공정할 수 있고, 그래야 아이가 부모를 신뢰합니다.

형제간 싸움이 생겼을 때 부모가 옳고 그름을 정의하여 공정하게 판단하면 아이들은 결과를 인정하고 받아들입니다. 부모는 아이의 애정 욕구에 대한 기질을 인지하고 공정, 공평, 정의로 균형을 이루어야 하는데, 그렇지 않았을 때 나타나는 양상이 바로

'편애'일 수 있습니다. 유의해야 하는 점은 공정(옳고 그름에 관한 관념이나 윤리적 판단)이 없는 공평(어느 쪽으로도 치우치지 않은 고름)함은 정의롭지 못하다는 점입니다. 예를 들어 "공평하게 각자 한 번씩 기회를 줬잖아"라고 했다면, 아이들의 나이와 기능 등을 살폈는가가 '공정'을 의미하고, 공정하기 위해서는 정의(진리에 맞는 올바른 도리, 어떤 말이나 사물의 뜻을 명백히 밝혀 규정함)가 기본이 되어야 합니다.

거친 형제와 불안한 마음과 그걸 지켜보는 부모

부모가 어느 쪽으로도 치우치지 않고 옳고 그름의 기준을 바르게 세웠다면, 아이들은 부모 역할의 반응으로 스스로 관계에 질서를 만들어 가게 됩니다. 어떻게 하면 아이들이 인정하고 수긍할 수 있는 기준을 세울 수 있을까요? 집으로 비유하자면, 기준은 기둥이 될 수 있습니다. 기둥은 잘 다져진 토대 위에 세워야 하는데 토대는 다음과 같은 내용이라고 할 수 있습니다.

의사소통이 원만하게 되고 있는가?
아이들의 생각과 의견을 충분히 들어 주었는가?
아이들이 존중받고 있는가?

부모가 주는 사랑의 샘이 마르지 않으려면 지혜롭고 현명해야 합니다. 또, 아이들이 다투면 스스로 해결할 수 있도록 도와주는 것이 바람직하며 해결의 중심에 부모가 아닌 아이들이 있어야 합니다. 다툼 상황에서 부모의 바람직한 역할은 이렇습니다.

> 우선 감정을 진정시킨다. 단호하고 엄격한 목소리로 싸움을 멈추게 하고 3분 정도 가만히 있게 한다. 몸싸움이 있다면 거리를 두고 마주 보지 않게 한다. 싸움을 멈췄다면 우선 그 점을 칭찬한다. 상황에 관해 이야기할 수 있게 한다. 이때 부모는 형제 각각 처지를 이해하고 공감한다. 상대가 이야기할 때는 끼어들지 않게 한다. 상호 이야기를 들어 보고 옳고 그름을 판단할 수 있도록 질문한다. 각자 생각할 시간을 3분 정도 준다. 싸움의 원인과 어떻게 해결하면 되는지 스스로 말할 수 있게 한다.

상황에 따라 아이들이 싸우는 양상은 다를 수 있지만, 부모가 침착하게 위와 같은 방식으로 접근한다면, 아이들은 격해진 감정을 가라앉히고, 불안했던 마음은 안전하게 보호받게 됩니다. 싸움을 지켜보는 부모도 감정적으로 힘들지만, 아이들은 정서적으로 더 힘들다는 사실을 간과해선 안 됩니다.

싸울 수밖에 없는 아이들은 심리적으로 위태롭고 불안정합니다. 형제들의 싸움은 부모의 사랑을 쟁취해서 질서를 만들기 위한 처절한 외침입니다. 성장을 위해 진통 중인 아이들에게 너희가 싸워서 부모가 힘들다고 하기보다는 '싸우느라 너희가 힘들겠구나!'라는 생각의 전환은 어떨까요?

아이에게 까꿍 놀이가 왜 중요할까요?

올해 초등학생이 된 딸이 학교에 적응하는 데 어려움을 겪고 있어요. 학교에서 선생님이 자리를 비울 때면 무서워서 운다고 합니다. 환경이 바뀌면 익숙해지는 데 시간이 오래 걸리기는 했지만 이 정도인 줄 몰랐어요. 원인이 무엇이고, 어떻게 해야 할까요?

까꿍 놀이는 대상 항상성 획득을 위해 필요합니다

정신분석가 멜라니 클라인 Melanie Klein 에 의하면 영아가 경험하는 대상은 환상 속에서 존재합니다. 유아기에는 환상과 상상이 공존하고, 양육자의 돌봄과 정서적 교감으로 인해 외부 대상을 현실 대상으로 인식하면서 환상이 현실화됩니다. 그 과정에서 내적 대상 Internal Object 이 형성되는데 만약 심리 발달 과정에서 문제가 발생한다면 대상을 상실하는 경험을 하게 됩니다. 실제 대상이 아닌 내적 대상(외부 대상과 관련해 심리적으로 경험되는 심적 표상 mental representation)의 상실을 의미합니다. 유아에게 내적 대상이 존재하려면 대상 항상성이라는 심리적 발달이 필요하고, 대상 항상성은 어머니, 주 양육자와 같이 중요한 정서적 애착 대상이 눈에 보이지 않을 때도 여전히 존재하며 연결돼 있다고 느끼는 심리적 상태를 의미합니다.

대상 항상성은 심리학자 하인즈 하트만 Heinz Hartmann 에 의해 고안되었고 정신분석학, 인지발달, 애착 이론 등에서 중요하게 다루는 유아동기에 중요한 대상관계 이론입니다.

'대상 영속성'을 인식시키기 위한 까꿍 놀이

생후 2년 정도까지의 영유아에게는 심리적 발달을 위해 단계적으로 필요한 놀이가 있습니다. 그중 까꿍 놀이는 6개월 전후로 하게 되는 단순한 놀이지만 대상 영속성, 대상 항상성이라는 중요한 의미를 가지고 있습니다. 양육자가 "까꿍"이라는 신호에 맞춰 눈앞에서 사라졌다 다시 나타났다를 반복하면서 양육자가 눈앞에서 사라진다고 해서 없어지는 것은 아니라는 경험을 아이는 축적하게 됩니다. 이를 통해 아이에게 대상 영속성이 생기게 됩니다.

4세 이후가 되면 까꿍 놀이에 이어 숨바꼭질 놀이로 다시 대상에 대한 항상성을 성취하게 됩니다. 4세 이전에는 주 양육자가 대상 항상성의 대상에 해당하지만, 4세 이후에는 양육자뿐만 아니라 대상의 범위가 확장됩니다.

어떻게 하면 까꿍 놀이를 잘하는 것일까요?

까꿍 놀이가 중요하다는 것을 알게 되면 잘해야 한다는 부담감과 잘하지 못해서 아이가 심리적 대상을 상실하게 되면 '어떻게 하나' 하는 걱정하는 마음이 생길 수 있습니다. 무엇인가를 알게 되는 것은 나아가야 할 방향을 밝혀주는 등불과도 같아서 걱정보다는 바람직한 도구와 수단으로 이용할 수 있어야 합니다.

아이의 리듬에 맞춰 자연스럽게 놀면 되고, 엄마와 아이가 모두 재밌고 즐거워야 합니다. 아이는 엄마의 목소리와 표정 등을 통해 감각으로 느끼므로, 엄마가 양육에 대해 편안한 마음을 갖는 것이 우선 돼야 합니다.

구체적인 놀이 방법은 아이가 생후 6개월 정도 됐을 때 같은 공간에서 엄마가 아이에게 손으로 얼굴을 3초 정도 가렸다가 다시 얼굴을 보여주는 방식으로 3~4번 정도 반복합니다. 아이의 반응을 잘 살펴본 후 아이가 즐거워하면 이불 등을 이용해서 얼굴 다음으로 상체 그리고 전신을 가리는 방법으로 확장해 나갑니다. 반복적으로 3개월 정도 이어가고 아이가 12개월 정도 됐을 때 공간을 이동하면서 (예: 아이는 거실에 있고 엄마가 방에서 거실로) 엄마가 사라졌다 나타났다를 반복하면 됩니다.

그 시기가 지났다면 어떻게 해야 할까요?

이미 그 시기가 지나갔다면 까꿍 놀이를 잘했는지 혹은, 심리적인 내적 대상이 존재하는지 어떻게 알 수 있을까요?

양육자와 분리되는 양상을 통해 확인할 수 있습니다. 분리가 어렵거나 분리될 때 불안으로 인해 스트레스를 받는다면 대상 항상성에 대해 체크해 봐야 합니다. 질문처럼 학교에서 선생님이 사라졌을 때 느끼는 불안은 공포와 두려움에 가깝습니다. 외부 대상, 현실 대상이 안전하다는 안도와 신뢰감이 있어야 합니다. 자신을 돌보고 지켜줄 대상에 대한 불안이 분리에 어려움을 유발하게 됩니다.

아이가 선생님이 사라져도 다시 돌아온다는 사실을 모르는 것은 아니지만 인지적으로 이해하는 것과 심리적으로 느끼는 감정은 다르기 때문에 아이에게 '선생님이 일 보고 다시 오시지 어딜 가시겠니'라고 설명해줘도 아이가 안심하는 데 도움이 안 될 수 있습니다.

학교생활에 관여하는 데, 제한과 한계가 있으므로 가정에서 할 수 있는 부분에 초점을 맞춰 아이가 정서적으로 안정될 수 있도록 도와줍니다. 가정환경과 엄마에 대한 아이의 불안정한 정서가 학교와 선생님에게로 이어지고 있습니다.

아이에게 심리적으로 튼튼한 엄마의 내적 이미지가 형성될 수 있도록 관계를 면밀히 살펴보길 바랍니다.

어린이집보다
집에서 놀기 좋아하는 아이

4세 아들이 어린이집에 가는 것보다 집에서 노는 것을 더 좋아해요. 막상 가면 잘 논다고 하는데 왜 어린이집 가는 것을 별로 안 좋아할까요?

세상의 놀이터보다도 마음의 놀이터가 우선입니다

초기 유아에게는 심리적인 놀이터가 중요합니다. 놀이를 한다는 것은 혼자 혹은 대상과 함께하는 행위로 놀잇감을 이용하기도 합니다.

어린이집에 가면 또래 친구도 있고, 가정보다도 더 다양한 놀잇감이 충분히 있을 텐데 왜 집에서 노는 것이 더 재미있을까요? 중요한 것은 마음이 놀 수 있어야 합니다. 마음으로 웃어야 진짜 웃는 것이라고 합니다.

아이가 어린이집을 불편해한다면 마음이 편하지 않은 이유를 찾아야 합니다. 유아 초기 3~4세인 경우에는 또래 관계 때문에 기관에 적응하기 어렵다기보다는 개인의 심리와 정서가 원인일 수 있습니다.

마음을 세상으로 옮길 수 있어야 합니다

엄마와 공생하는 영아, 엄마와 결합된 초기 유아의 마음은 양육자인 엄마에 의해 결정됩니다. 영아는 자신의 마음을 온통 차지하는 엄마에게 지대한 영향을 받다가 제3자, 대체로 아빠의 출현으로 관계가 확장됩니다.

영아와 엄마, 이자二者관계에서 아빠를 포함한 삼각 구도로 형태가 변화하면서 엄마의 마음과 내 마음을 구분하는 경계가 생기기 시작합니다.

공생과 결합으로 엄마와 자신이 한 덩어리였던 마음이 분리가 되는 과정을 통해서 아이들의 심리 발달이 이루어진다고 볼 수 있습니다.

마음이 구분되고 분리되었을 때 비로소 세상이 흥미로워지고 모험하고 싶은 호기심 가득한 곳이 될 것입니다.

결국 집 안에 머물던 마음이 집 밖으로 이동해야 하는데 옮긴다는 것은 안과 밖으로 공간이 구별된다는 의미입니다.

예를 들어 도화지에 선을 그어 상하좌우로 나누어야 구분이 되고 기준이 생기는 것처럼 마음도 심리적 공간에 경계선이 있어야 옮겨갈 수 있습니다.

구분한다는 것은 차이를 아는 것입니다

영아와 엄마가 한 덩어리일 때는 구분이 되지 않기 때문에 이것과 저것의 차이를 알 수가 없습니다. 감각적으로 느낄 수는 있지만 분리해서 따로따로 언어로 설명하는 것은 아이에게 어려운 일입니다.

아이에게 중요한 것은 바로 구분과 차이에 대한 인식입니다. 집과 어린이집의 놀이를 구별할 수 있어야 각각의 장소 특성에 맞게 자신을 맞출 수 있게 됩니다. 기관에서는 또래 친구와 노는 재미를 느낄 것이고, 집에서는 엄마와 가족과 함께 또 다른 재미가 있다는 것을 알게 될 것입니다. 경계가 생긴다는 것은 차이를 알고, 구분할 수 있다는 의미입니다.

자신만의 세계를 만들어가는 '고통'

그러나 경계가 생기는 과정이 순탄하지만은 않습니다. 하나가 둘로 나뉘는 심리적인 진통과 아픔, 슬픔을 견뎌내야 합니다. 새로운 세계를 열기 위한 과정이자 자신만의 세계를 만들기 위한 시작점이 될 수 있습니다.

이때 상실감을 경험하게 되는데 하나였던 덩어리에서 떨어져 나오면 자신의 부분을 잃은 것처럼 느껴지는 상실은 생각보다 강렬하고 감당하기 힘든 감정입니다.

예를 들어 아이들이 처음 어린이집을 갈 때 엄마와 분리되는 것을 힘들어하고, 어린이집에 가는 걸 싫어하는 것이 일종의 상실이라 할 수 있습니다.

상실감을 다루려면 애도를 할 수 있어야 합니다. 애도는 잃은 것에 대한 허전한 마음을 감당하고, 변화된 환경을 받아들이는 것을 의미합니다. 애도를 위한 최소한의 시간은 반드시 필요하고, 아이들의 기질에 따라 일주일에서 한 달 정도 소요되기도 합니다. 또, 아이가 애도를 위해 흘려야 하는 눈물도 충분히 허용되어야 합니다.

부모가 주의해야 하는 점은 원에 가면 친구도 있고, 장난감도 많은데 왜 싫어하고, 왜 우는지 채근하는 부분입니다.

부모가 아이의 마음을 제대로 알아주지 않으면 아이는 정처없게 됩니다. 어쩔 수 없이 아이의 마음이 집 밖으로 나왔지만 세상 속으로도 진입하지 못하고 게다가 집으로 되돌아가고 싶어도 받아주지 않아, 마치 '미아'처럼 집과 세상 두 공간 사이에서 방황하게 됩니다.

불편함을 견디는 힘도 자라납니다

상실을 애도하면 내면의 힘이 생깁니다. 마음의 힘은 불편한 것을 견디고 참을 수 있게 합니다.

어린이집으로 마음을 옮긴다는 것은 적응한다는 의미인데 적응은 했지만 재미를 느끼지 못하고, 어린이집을 좋아하지 않는다면 다음 사항을 체크해 봅니다.

처음 어린이집에 가는 과정은 어떠했을까요?

기관을 처음 가는 일은 아이에게 새로운 세상을 향하는 도전이자 모험일 겁니다. 가족의 격려와 지지가 충분해야 정서가 안정되고 새로운 환경에 적응하는 데 도움이 됩니다.

분리되는 과정에서 아이가 부지불식간에 겪는 상실의 슬픔을 부모는 충분히 공감해 주었을까요?

처음으로 가족과 분리되는 경험을 하는 아이의 슬픔에 주목해야 하는데 대체로 기관을 갈 만큼 성장한 아이의 모습에 초점을 맞추게 되곤 합니다.

첫 번째 사회생활의 가능 여부를 발달상 성장 단계를 기준으로 하는 것이 보편적이라면 심리적인 발달을 간과하지 않아야 하는 것은 상보적이라 할 수 있습니다.

가족의 사랑이 과잉 혹은 부족하지 않았을까요? 사랑이 과해도 그 사랑이 좋아서 세상으로 나가고 싶지 않고, 사랑이 부족하면 세상으로 나가는 것이 두려울 수 있습니다.

놀이터만 가면
더 놀겠다고 떼쓰는 아이

8살 여자아이입니다. 아이가 놀이터에 갈 때면 언제까지 놀기로 시간을 정하는데 약속한 시간이 다되면 더 놀겠다고 떼를 씁니다. 어떻게 하면 약속도 지키고, 즐겁게 놀 수 있을까요?

떼는 감정 분화 과정에서 나타나는 현상입니다

유아동은 스트레스가 해소되지 않으면 떼를 쓰게 됩니다. 떼를 쓰는 것은 엇나간 일방적인 소통이고, 자신이 원하는 대로 되지 않을 때 감정을 표현하는 즉각적인 방법이기도 합니다. 또, 3세부터 학령기 초기 아동기의 정서와 행동의 특징으로 감정이 분화되고, 발달하는 과정에서 나타나는 현상으로도 볼 수 있습니다. 보통 떼쓰는 아이는 고집이 세고, 막무가내로 보여지기 쉽지만 사실 누구보다도 감정이 섬세하고 예민합니다. 아이가 더 아기이던 시절 처음부터 떼를 쓰지는 않았을 것입니다. 기질이 강하고 까다로워서 세심하게 돌봐야 하는 경우도 있지만 이 경우 아이의 기질에 맞춰서 양육하면 감정 조절이 안 돼서 떼쓰는 것이 아니라 상황에 맞게 자기주장 하는 아이로 성장하게 됩니다.

유아동은 욕구불만이 스트레스로 이어집니다

아이들은 충족되지 않은 욕구, 즉 불만이 쌓여서 스트레스가 됩니다. 이는 성인이 짐작하고 인지하는 정도의 수준이 아니라 훨씬 더 정서와 정신에 영향을 미칩니다. 이유는 아동기 이후에는 욕구를 자기 검열을 통해서 합당한지, 현실적인 실현 가능 여부를 어느 정도 이성적으로 판단할 수 있지만, 유아와 아동 초기에는 판단보다는 본능에 가까운 욕구이기에 심리에 직접적인 자극을 받기 때문입니다.

감정이 수용되면 약속과 규칙을 지키려고 노력할 것입니다

물론 감정과 마음을 알아준다고 약속과 규칙을 잘 지킨다고 볼 수는 없습니다. 그러나 감정이 무시되거나 수용되지 않으면 불신이 높아져서 훨씬 더 다양한 문제가 발생합니다. 약속을 지키는 문제는 생활적인 요소와 복합적인 요인이 있을 것입니다. 질문 내용을 보면 우선 평소에 아이의 욕구가 충족되고 있는지를 살펴봐야 할 것 같습니다. 보통 양육자의 생각은 그만하면 충분하다고 생각하고 채워줘도, 채워줘도 끝이 없기 때문에 아이가 욕심이 많다고 하거나 아이의 욕구를 다 들어주려니 지치게 된다고 토로합니다. 그래서 아이는 부족함을 느끼고, 양육자는 지치고 맙니다. 이 차이는 무엇을 의미할까요? 제한과 기준이 문제입니다. 아이의 경우 제한이 없으면 마음의 공간이 채워지지 않아 늘 부족함을 느낍니다. 양육자도 마찬가지로, 기준이 없으면 그때그때 상황에 따라 달라질 수밖에 없으니 피로해집니다.

심리적인 충만감은 어떻게 채워지는 것일까요?

아주 사소한 경험이 쌓여야 합니다. 긍정의 말, 따뜻한 눈빛, 온기 있는 스킨십 등 이런 사소한 행위들이 반복되면 힘을 갖게 됩니다. 예를 들어 등교할 때 한마디 격려 표현이나 실수했을 때 괜찮다는 사인의 편안한 눈빛, 잠들기 전에 포옹은 특별한 것이 아니지만 어쩌다 한 번이 아니라 지속적으로 일관성 있게 이어지면 정서적인 안정은 물론 심리적으로 충족될 것입니다.

이와 같이 기본이 갖춰지면 약속과 규칙을 지킬 수 있는 마음가짐과 태도가 만들어집니다. "왜 떼를 쓰니"가 아니라 "무엇이 불만이니?"라는 질문이 더 적절합니다. "무엇이 불만이니?"보다 "엄마가 안아줄게"가 필요합니다. 떼쓰는 아이는 정서가 예민하고 감각이 발달해서, 민감하기 때문에 좀 더 세심하게 돌봐야 합니다. 아이가 정말 원하는 것이 무엇일까요? 놀이터에서 조금 더 놀고 싶은 마음, 그 너머 아이의 정서를 느낄 수 있으면 좋겠습니다.

형제 관계와 놀이는 사회로 나아가는 '예행연습'

4부에서는 형제 관계에서 발생하는 상황들이 자연스럽게 아이의 놀이 문제로 이어지는 연관성이 있어서 두 가지 주제를 함께 살펴보았다.

잘 노는 아이가 건강하고, 건강한 아이가 잘 논다는 것은 다른 표현으로 대체하고 싶지 않을 만큼 현장의 보고들이 분명하게 그 사실을 명시한다. 놀이는 심리발달의 척도가 된다. 형제 관계는 놀이를 경험하는 실전 같은 연습이다.

부모로부터 관심과 사랑을 받고, 자신은 자리를 만드는 면에서는 실전이고, 세상에서 살아가기 위한 준비로 본다면 연습인 것이다. 둘 다 성공해야 한다.

하나는 개인의 내적 발달을 위해서이고, 또 하나는 사회성 발달을 위해서이다. 이렇게 중대한 일을 해내려니 부모의 역할이 막중할 것이고, 고충도 만만치 않다. 형제 관계와 놀이는 양육과 육아 스트레스의 상당한 부분에 해당하는 주제라서 그런지 호소 내용도 가벼운 경우부터 심각한 경우까지 다양하다.

그렇다면 우리는 어떻게 해야 할까?

무엇이 중요할까?

문제는 해결될 수 있을까?

부모가 진정으로 원하는 것이 무엇일까?

한 가지는 분명하다. 현실 직시와 믿음과 노력이다. 똑바로 볼 수 있어야 한다. 직시하려면 나아질까라는 의심보다는 괜찮다는 믿음이 필요하다. 그럼 할 수 있는 것이 정해졌다. 노력이다. 현실 직시, 믿음, 노력은 한 묶음이다.

5부 세상에 서는 아이들

"내 마음대로 할 거야"
고집 세고 욕심 많은 아이

저희 아이는 고집이 세고 욕심 많은 다섯 살 남자아이입니다. 친구가 자기 장난감 만지는 것을 싫어하고 먹을 것도 다른 사람이 더 먹을까 봐 숨도 안 쉬고 먹어요. 마트에서조차 다른 사람은 아랑곳하지 않고 팔을 휘두르며 다녀서 제가 너무 난처해요. 무엇이든 자기 마음대로 하고 다른 사람을 배려하지 않는 저희 아이를 어떻게 해야 할까요?

강함 뒤에 가려져 있는 약함을 알고 계시나요?

아이의 행동으로만 보면 아이는 강하고 고집스러우며 욕심이 많은 것으로 보입니다. 아이는 왜 자신의 장난감을 친구가 만지는 걸 싫어할까요? 누군가가 자신의 소유물을 가져가거나 망가지게 하는 것이 싫고 다른 이에게 빼앗기게 된다고 생각할 수 있습니다. 음식도 비슷합니다. 내가 빨리 먹지 않으면 다른 사람이 모두 먹어버려서 내 몫이 없어지지 않을까 생각합니다. 마트에서 휘젓고 다니는 행동은 아이가 타인을 배려하지 않는 독불장군 같아 보이지만, 실은 아이가 자신의 공간을 확보하려는 행동이라 할 수 있습니다. 물론 공공장소에서 에티켓을 지켜야 하고 타인에게 피해를 주지 않도록 지도하는 것은 당연한 이야기이지만 그보다는 먼저 아이가 그렇게 행동하는 원인을 파악해야 합니다.

강하게 보이는 행동 뒤에는 약한 마음이 존재합니다. 거친 모습은 뒤에 가려져 있는 약한 상태에서 시작될 수 있다는 것입니다. 따라서 밖으로 보이는 거친 행동에 초점을 맞추면 그 이면에 존재하는 본질적인 측면을 간과하기 쉽습니다. 지금부터 가려져 있는 부분에 조명을 비춰보겠습니다.

'내 것'이 충분했을까요?

기질적으로 욕심이 많고 강한 아이가 일상생활이나 단체 활동을 잘하려면 어떻게 해야 할까요? 많은 부모가 아이의 배려심을 키워주어야 한다고 생각합니다. 아이가 사회에서 잘 적응하기 바라는 아주 자연스러운 마음입니다. 그러나 오히려 아이가 부족하게 느끼는 부분을 더욱 충분히 채워줘야 합니다. 스스로 만족스럽지 않은 아이가 다른 사람과 나누고 배려하는 것은 쉽지 않기 때문입니다. 기질적으로 채워야 하는 그릇이 크다고 생각해 보면 어떨까요? 예를 들어 음식 먹는 양이 사람마다 다른 것처럼 아이도 담고 싶은 게 많고, 다른 아이보다 조금 더 큰 그릇을 가지고 있다고 말이죠. 그릇이 왜 크냐고 따지기보다는 어떻게 채울 수 있는지를 먼저 고민해 보아야 합니다. 그런 후에 그릇을 가득 채우지 않아도 만족감을 느끼고 '내 것'을 타인과 나눌 수 있는 여유를 갖도록 도와주는 것이 바람직하겠습니다.

두려움을 물리치기 위한 아이의 선택

아이의 강한 행동 뒤에는 두려운 마음이 존재합니다. 내 영역, 내 몸, 내 것을 침범하는 외부에 대한 두려운 감정이 있기 때문에 역으로 더 거칠고 강하게 행동합니다. 자신의 것을 나누기 싫어한다기보다 침범하는 것을 싫어합니다. 아이는 '자신의 것' 혹은 '자신'을 지키기엔 스스로가 약하다는 사실을 본능적으로 인식하고 방어하고 있습니다. 만약 가려진 약함을 보지 못하고 강한 행동만을 개선하려고 한다면 오히려 강한 행동은 줄어들지 않고 더 커질 수 있습니다. 아이가 혼자 겪는 심리적인 두려움은 사라지기 어려우므로 정서적 발달을 통해 감당할 수 있도록 해야 합니다. 유아에게 부모의 역할이 중요한 이유입니다. 아이의 어긋난 행동에 대한 부모의 적절한 대응과 바람직한 유도가 아이가 스스로 극복하는 힘을 키워나가는 데 큰 도움을 줄 수 있습니다.

가르치기 전에 배려해 주기

아이가 다섯 살이면 또래 관계가 시작되고 있을 시기여서 아이의 행동 하나하나가 엄마의 신경을 곤두서게 합니다. "OO는 자신의 장난감을 소중히 생각하는구나"라고 먼저 이해해준 후 아이의 장난감을 자신의 것, 친구랑 함께 놀 수 있는 것으로 구분해서 아이만의 소유를 인정하고 분명하게 구별해 줍니다. 더욱 중요한 것은 부모는 아이가 특별히 생각하는 장난감을 소중하게 다뤄 주어야 한다는 사실입니다. 아이들은 애착 물건을 자신이라고 느끼는 심리적인 작용이 있으므로 부모가 애착 물건을 소중히 여기는 모습을 통해서 자신이 소중한 존재라는 느낌을 받게 됩니다. 이 같은 경험은 아이에게 배려심과 함께 친구를 소중히 생각하고 친구 물건을 신중히 여기는 마음이 싹트게 합니다.

칭찬은 자칫하면 독이 될 수도

아이가 친구에게 양보와 배려를 했을 때 놓치지 말고 칭찬해 주세요. 칭찬은 긍정의 행동을 반복하게 되는 원동력입니다.

약이 되는 칭찬

- 질문이 동반되는 칭찬: "OO에게 이렇게 행동하던데 무슨 마음으로 한 거야." 그리고 그런 마음을 갖고 행동하게 된 태도를 칭찬해줍니다. 친구의 감정을 느끼는 아이의 마음에 대한 칭찬이어야 합니다.

독이 되는 칭찬

- 다음을 예약하는 칭찬: "그렇게 하니까 얼마나 좋으니 다음에 또 그렇게 해"
- 지나치게 과장된 칭찬: 네가 친구 중에서 "최고로 착하다", "제일 예쁘다", "가장 똑똑하다"라는 극찬은 오히려 아이의 신뢰를 얻지 못할 수 있습니다.
- 보상물을 주는 칭찬: 간혹 적절한 보상은 긍정적이지만 자칫 보상물 때문에 칭찬받을 행동을 할 수 있으므로 심리적인 보상이 선행되어야 합니다. 따뜻한 눈빛, 손길, 마음을 담은 언어적 표현 등이 심리적 보상이라 할 수 있습니다.

부모가 강하게 대응한다면

강한 아이에게 강하게 대응하면 아이들은 대체로 "무섭다. 우리 엄마 아빠는 화만 낸다"라고 느끼고 표현하게 됩니다. 부모 자신은 화를 내는 게 아니라 바르게 훈계한다고 생각할 텐데 말입니다. 단호하고 엄격하되 부드럽게 전달해 보세요.

단호함과 엄격함은 평소의 원칙에서 벗어나지 않는 분명한 일관성이 있어야 효과적이고, 부드러운 전달은 부모가 진심으로 아이의 변화를 바라는 마음이 있어야 가능합니다. 강함을 정서적 접촉 없이 강함으로만 대응하면 양육에 필수라 할 수 있는 단호함과 엄격함과는 거리가 멀어집니다.

단호함과 엄격함이 힘을 발휘하려면 부모의 진심과 정서가 담겨야 합니다.

어린아이가 왜
징크스에 집착할까요?

초등학교 3학년 남자아이입니다. 축구가 잘 되었을 때 신었던 운동화를 축구를 할 때마다 신고 싶어 하거나, 우연히 좋은 일이 있었던 날 입었던 셔츠를 평상시에도 집착하는 등 반복하는 행동 특성이 있는데 왜 그러는 걸까요?

징크스는 무엇을 의미하고, 왜 생기는 걸까요?

아이의 행동은 애정을 요구하는 신호입니다. 아이가 우연한 경험을 징크스로 여겨 습관화하는 것처럼 보이지만 심리적으로는 애정과 애착에 대한 결핍을 스스로 해결하는 자구책일 수 있습니다. 애정이 부족하면 외로움을 느낄 수 있고, 애정을 대신할 대체물이 필요합니다. 만약 그마저도 충족되지 않으면, 임의적으로라도 좋은 상황을 반복적으로 만들어서 만족감과 안정감을 느끼고, 유지하고 싶어 합니다. 질문처럼 신발, 셔츠가 대체물이 되어 일상생활에서 반복적으로 등장하거나 일종의 징크스 양상으로 나타날 수 있습니다.

대체물에 집착하는 것은 잠시나마 불안한 마음을 달래주기도 합니다. 불편함 혹은 긴장감이 감도는 어떤 상황에서 마음속으로 '다 잘 될 것이다' '좋을 것이다'라고 상상하면 일시적으로 불안을 잠재우고 여유를 찾을 수 있습니다. 이러한 편안한 느낌을 가져오는 것은 일종의 도파민 효과와 비슷하다고 할 수 있습니다. 상상이 일시적이지 않고 지속해서 이어지면 현실적인 불편함보다 상상 속의 편안함에 더 큰 쾌감을 느끼게 됩니다. 이를 유지하려는 태도가 징크스를 만들기도 합니다.

이 아이의 행동은 자기 암시의 강박적인 습관이라고도 할 수 있습니다. 자기 최면과 같은 암시는 심리적인 안도감을 주기 때문에 긍정적인 정서 조절 효과가 있기도 합니다. 다만, 반복적인 패턴이 이뤄지면 강박적 징크스가 되어, 자기 암시를 통해 안정감을 가지려 했던 처음 의도와는 다르게 습관을 유지해야 한다는 그 자체가 스트레스가 되는 악순환으로 이어질 수 있습니다.

징크스를 없애는 방법은 무엇일까요?

징크스는 우연을 필연으로 확신하는 왜곡된 인지입니다.

여고생 A는 어느 날 영어 시험에서 우수한 성적을 얻게 됩니다. A는 그날 팔목에 인디언 팔찌를 끼고 있었습니다. 그때의 좋은 느낌이 팔찌로 전이되면서 이른바 팔찌는 그에게 좋은 일이 생기는 물건이 됩니다. 팔찌가 A에게 주술적 의미의 상징성을 갖는, 아주 특별한 장신구가 되는 순간입니다.

그 장신구를 착용하면 좋은 일이 생길 것 같고, 좋은 일이 있길 바라면 그 팔찌를 착용하게 됩니다. '우수한 점수'라는 소망을 이루기 위해 '팔찌 착용'이라는 행동을 하는 것입니다.

전설의 축구 선수 펠레도 "누가 우승한다"고 하면 거꾸로 패배하고 "누가 팀을 곤란하게 할 것이다"고 하면 그 팀이 우승하는 일이 반복되어 50년 동안 '펠레의 저주'라는 말이 생길 만큼 징크스에 시달렸습니다.

그러나 엄밀하게 얘기하자면 우수한 영어 성적과 팔찌, 펠레의 발언과 축구경기 승패는 아무런 관계가 없습니다.

모두가 스스로 또는 주변이 만들어낸 이야기일 뿐입니다. 이처럼 징크스는 주관적 생각에 바탕을 둔 현실을 실제라고 착각하는, 일종의 환상이라 할 수 있습니다.

문제는 주관적 이야기가 실제를 경험하면서 환상이 현실이 될 때 징크스가 다른 형태를 띠게 된다는 사실입니다. 따라서 반복 행동에 변화를 일으키기 위해서는 그와 반대되는 행동도 여러 번 되풀이하면서 경험해야 합니다.

즉, 인디언 팔찌를 착용해도 좋은 일이 생기지 않았다면 이번 한 번은 그랬지만 다음에는 좋은 일이 일어날 거라고 여길지도 모릅니다. 여러 번의 경험에 대한 분석을 통해 팔찌를 착용해도 좋은 일은 일어나지 않는다는 것을 인식할 필요가 있습니다.

여고생 A의 경우 우수한 영어 성적과 인디언 팔찌는 무관하다는 것을 분명히 인지해야 합니다. 그때 비로소 인디언 팔찌는 A가 부여했던 상징성이 해체되어 일반적인 팔찌가 될 것이고, A 자신 역시 주술의 의미로부터도 자유로워질 것입니다.

아이에게 필요한 것은 불안감, 두려움 등을 감당하는 힘입니다. 나쁜 일을 감당할 수 있으면 상대적으로 좋은 일에 대한 집착이 덜해집니다. 굳이, 평범한 일을 특정한 대상과 연관시키면서까지 징크스를 만드는 이유는 마음속에 자리 잡은 불안이나 두려운 일을 감당할 힘이 부족해서입니다.

아이를 불안케 하는 근원을 찾아 바로 잡는 게 중요합니다. 무엇보다 아이의 정서가 안정되면 스스로 현실을 감당할 수 있는 힘이 생겨나고 징크스는 자연스럽게 사라집니다.

화날 때마다 자기 뺨을 때리는
여덟 살 아들

여덟 살 우리 아들은 화가 나면 자기 뺨을 때립니다. 왜 자기 자신을 때릴까요? 어떻게 해야 그런 행동을 멈추게 할 수 있을까요?

'나를 바라봐주세요!'라는 외침입니다

아이들의 발달과 성장은 신체와 정서가 동시에 이루어집니다. 다만, 심리적인 성장을 위해서는 양육자의 사랑과 관심이 충족되어야 합니다. 아이들은 생존을 위해 본능적으로 사랑을 얻고자 하고 만약 부족하게 되면 다양한 수단으로 사랑을 갈구합니다. 사랑이 부족한 아이들은 관심 끄는 행동을 하게 되는데 때로는 과잉되어 보이거나 상황에 맞지 않아 보입니다. 공격적인 행동, 과도한 거짓말, 가해 행동, 물건을 훔치는 행위 등이 그것입니다.

보통 가해 행동은 타인을 향하지만 자신이 자신을 공격하는 경우도 있습니다. 이러한 이상 행동들은 양상만 다를 뿐 본질적인 원인은 유사합니다.

타인을 가해하는 행위는 폭력성과 공격성의 결합으로 심리적인 요인을 통해 행동화된다고 할 수 있습니다. 가해 행위는 기본적으로 힘과 에너지를 필요로 하고 내부가 아니라 외부로 향합니다. 반대로 자신을 때리는 행동은 타인을 공격할 심리적인 힘이 없거나 타인을 공격하면서 느껴야 할 죄책감을 감당하는 것이 힘들 때 나타나기도 합니다. 때리는 행동의 물리적인 경험은 감각으로 기억에 저장되어 다시 반복하게 되는 패턴을 만들 수 있습니다. 공격성이 자신을 향하게 되면 스스로를 때리는 폭력적 행동으로 나타나게 되는 것입니다.

아이의 전반적인 행동 패턴을 살펴보세요

아이를 이해하기 위해서는 특정 행동보다는 전반적인 행동 패턴을 살펴보는 것이 필요합니다. 특정 행동의 원인과 이유는 평소 일상생활에서 찾을 수 있습니다. 아이의 행동 흐름에 대한 전반적인 관찰이 도움이 됩니다. 예를 들어 자신을 때리는 행동을 보고 "너 왜 그래"라고 물으면 진심을 말하지 않겠지만 "요 근래 OO, OO 때문에 스트레스를 많이 받았지. 그래서 그런 행동을 (자신을 때리는) 하는 거 같아"라고 반응해 주면 아이는 심리적으로 편안함을 느끼고 부모가 자신을 이해해준다고 인식하게 됩니다. 아이의 심리적인 불편함을 알아주는 것이 변화의 시작입니다. 마음을 알아주면서 동시에 상황에 따라 적당히 무관심하게 반응하는 것도 요령입니다. 자신을 때리는 아이의 행동은 부모로 하여금 과잉 반응을 하게 하지만 위험한 상황이 아니라면 무심한 듯 덤덤하게 반응하는 것이 도움이 됩니다. 부모의 과잉 반응이 아이의 정서에 부정적인 자극이 되어 이상행동을 촉진할 수 있기 때문입니다. 부모가 아이의 이상행동을 무시하지 않으면서 무관심을 보여주는 적절한 반응이 필요합니다.

아이의 속마음이 궁금하지 않으신가요?

자신을 때리는 아이의 행동은 관심받고 싶은 속마음에서 비롯될 수 있는데 부모의 과한 반응은 아이에게 부적절한 관심을 보여주는 것이 될 수 있습니다. 평소에 관심을 가지고 충분히 표현해준다면 아이는 자기 자신이 사랑받고 있다고 느끼며 정서적으로 안정을 유지하게 됩니다. 정서적인 교감은 엄마가 아이의 속마음에 접촉해야 더욱 풍부해지고 더 나아가 둘 간의 긍정적인 관계를 지속할 수 있습니다. 그런데 아이의 속마음에 접촉하려면 무엇보다 아이가 자신의 감정과 느낌을 표현할 수 있어야 합니다. 그럴려면 본보기가 필요한데 이때 부모가 속마음을 털어놓는 모델이 되어주면 도움이 됩니다.

상황에 따라 감정을 적절하게 표현하는 부모 모습은 아이 정서를 성장시키는 안내서와 같습니다. 아이가 부모를 나침반으로 삼아 성장할 수 있도록 부모가 자신을 돌아보고 관리하는 것이 중요합니다.

아이의 에너지를 신체 활동 통해 외부로 발산

자신을 때리는 행동은 부정적인 에너지가 자신에게 향하는 것이라 할 수 있으므로 외부로 발산할 수 있는 신체 활동이 도움이 됩니다. 아이가 관심을 보이고 흥미를 느끼는 놀이를 찾아서 함께 놀아주는 것이 바람직합니다. 신체 움직임이 있는 놀이는 행동과 정서의 균형을 이루는 데 긍정적인 영향을 미칩니다.

사랑이 '최고의 비타민'

아이들의 성장에 절대적인 필수 요소가 애정이라는 것을 부정할 수 없습니다. 해리 할로우의 원숭이 애착 실험에서 보여지는 것처럼 사람은 따뜻한 신체적, 심리적 접촉으로 사랑을 나누어야 살아갈 수 있습니다.

아이의 행동이 변화되길 바란다면 진심 어린 사랑을 나눠 보세요. 부모라는 서사는 시작도 끝도 사랑입니다.

물건 사줄 때까지
졸라대는 9세 아이

9세 아들은 하고 싶은 일이나 갖고 싶은 물건이 있으면 될 때까지 가질 때까지 계속 보채고 귀찮게 합니다. 참을성이 부족한 걸까요? 아니면 다른 문제가 있는 걸까요?

아이가 불안한 것은 아닐까요?

아이가 원하는 것을 하지 못할 때 어떤 행동 특성을 보이는지 체크해 보면 아이의 심리적인 상황을 살피는 데 도움이 됩니다. 그러나 아이가 자신이 생각하는 대로 되지 않을 때 짜증을 내거나 재촉하는 등 불편한 행동을 하는 심리적인 요인은 알기가 쉽지 않습니다. 짜증은 감정이 아니고 감정을 분명히 알 수 없는 정서 상태를 의미합니다. 아이가 짜증이 빈번하다면 심리적으로 불안정하고 자신의 감정을 표현하는 데 어려움이 있다는 것을 알아야 합니다.

아이가 원하는 물건을 갖지 못할 때 어떤 마음일까요? 아이는 불안하고 초조합니다. 그 물건을 꼭 갖고 싶다기보다는 불안한 마음을 견디기 힘들어서 빨리 사야 하고, 원하는 대로 바로 하고 싶어 합니다. 그런 행동은 불안한 마음을 해결하는 방법일 수 있습니다.

아이 마음 헤아리는 게 중요

아이의 마음을 헤아리는 게 중요합니다. 자신이 원하는 것을 가지면 짧은 순간은 행복감을 느끼지만, 물질로 충족되는 만족감은 잠깐이고, 탄산음료처럼 마셔도 마셔도 갈증이 풀리지 않습니다. 그렇다면 아이는 무엇으로 마음을 채울 수 있을까요? 흔히 사랑을 충분히 받아야 한다고 말합니다. 아이는 어떻게 하면 충분히 사랑받는다고 느낄 수 있을까요?

자신의 마음을 엄마가 알아준다고 인식할 수 있도록 해야 합니다. 그럴 때 아이는 사랑받는다고 느낄 수 있습니다. 그 물건이 갖고 싶은 아이의 마음을 순수히 알아주어야 하는데 "그 물건이 갖고 싶구나!"라고 반응하며 "집에 비슷한 것이 있잖아. 그리고 약속을 지키지 않아서 안 돼"라고 하면 아이는 어떤 느낌을 받을까요?

이러한 반응은, 즉 조건과 단서가 붙은 반응은 아이의 마음을 헤아려 주는 것이라 할 수 없습니다. 부모가 조건 없이 온전히 마음을 알아주면 자연스럽게 아이가 알아서 해결책을 말할 것입니다.

아이 몫의 말을 부모가 조급한 마음으로 앞서 말하는 것은 마음을 알아주는 것도 아니고 해결을 위한 방향 제시도 아닙니다.

아이 스스로 인지하도록 해야

행동이 달라지려면 스스로 자각하고 노력해야 합니다. 먼저 자신의 행동을 스스로 인지하고 이를 바꾸려는 의지와 노력이 뒤따라야합니다.

아이가 갖고 싶은 물건을 바로 사는 것이나, 하고 싶은 일을 못 참는 것은 부모 입장에서는 개선이 필요한 행동이지만 아이 입장에서는 문제로 인식하기 어렵습니다.

그러므로 무엇보다 아이 스스로가 자신의 행동이 잘못되었다고 인지할 수 있도록 도와주어야 합니다. 아이가 '왜 바로 사면 안 되는지', '어차피 살 건데 좀 빨리 사면 안 되는지', '엄마 아빠도 사고 싶은 것을 사지 않느냐'고 반문할 수 있는데 이는 자신의 행동이 아닌 물건에 초점을 맞추는 사고라 할 수 있습니다.

'포기할 수도 있다'는 사실 깨닫게 해주어야

이때 '기다릴 수 있고 참을성을 길러야 한다'라고 말하는 것은 잔소리처럼 느껴져 도움이 안 됩니다. 기다림이나 참을성에 주목하는 것도 필요하지만 더 중요한 것은 포기할 수 있는 힘입니다. 자신이 원하는 것을 소유해야 직성이 풀리는 것은 달리 말하면 포기가 매우 힘들다는 것입니다. 물건을 갖고자 하는 것은 소유욕과 의존성을 의미합니다.

따라서 아이로 하여금 '소유하지 않아도 괜찮고', '갖고 싶지만 포기도 할 수도 있고', '갖고 싶은 것을 다 가질 수도 없다'는 사실을 깨닫게 해주면서 이를 실천할 수 있도록 해야 합니다. 대화를 통해서 아이가 자신의 행동을 스스로 인식할 수 있도록 유도하는 것이 도움이 됩니다.

부모의 쇼핑 방식과 패턴을 체크하고 아이가 부모와 닮아있는 것은 아닌지 살펴보는 것도 필요합니다.

'만족 지연'은 반쪽 효과뿐

심리학자 월터 미셸은 마시멜로 실험으로 '만족 지연의 효과'를 주장했는데 자신의 원하는 것을 얻기 위해 자제력을 발휘하면 만족감이 더 높다는 내용입니다. 아이의 자제력과 통제력을 키우기 위해 아이가 원하는 것이 있을 때 우선, 대화를 하고 아래와 같이 아이의 의견을 묻는 것도 좋습니다.

그 물건을 갖고 싶은 마음을 설명해 보겠니?
그 물건을 갖지 못하면 기분이 어떨지 생각해 볼까?
OOO를 사기 위해 며칠을 기다릴 수 있을까?

흔하고 평범해서 놓치기 쉬운 것 중 하나가 부모의 적절한 질문과, 대답을 들어줄 수 있는 여유 있는 마음입니다. 아이의 대답에 따라 쇼핑의 적당한 시점을 정하고 그 시점까지 기다리는 동안 지지하고 응원해줍니다.

마시멜로 실험에서 나타나는 '만족 지연의 효과'는 아이가 고통을 참아야 한다는 교육적 측면과 아이가 아이답게 먹고 싶은 것을 참지 않고 먹어야 한다는 양육적 측면이 서로 충돌하면서 모순적 의미를 지니고 있습니다.

자제력, 자유의지 두 마리 토끼 다 중요

본질은 조절 즉, 균형을 이루는 것입니다. 자제력도 키워야 하지만 하고 싶은 것을 하는 자유의지도 있어야 합니다. 상을 받고 싶어서 끝내 먹지 않고 자신의 마음을 외면하거나 욕구를 지나치게 억제하는 것도 바람직하다고만은 할 수 없기 때문입니다. 만족을 지연할 수 있는 참을성^{자제력}과 자신을 표현할 수 있는 힘을 함께 키워나가는 것은 조절에 대한 다른 듯 같은 맥락이라 할 수 있습니다.

'통제'는 부모의 불안감 해소
수단이 아닙니다

> 저희 아이는 여섯 살 남아인데 무언가를 할 때 자주 확인을 합니다. 유치원 선생님도 아이가 색종이 접기를 잘 하고 있는데도 계속 맞게 하고 있는지 확인한다고 합니다. 제가 하지 말라고 통제하는 것이 많아서 그런 거 같아요. 어떻게 하면 저도, 아이도 편해질까요?

아이는 누구를 위해 확인받을까요?

아이들의 모든 행동에는 다 원인이 있습니다. 그런데 겉으로 드러나는 행동에 비해 원인은 쉽게 보이지 않습니다. 그래서 아이들의 행동을 보며 "도대체 얘가 왜 이래?"라는 말을 자주 하게 되는 것 같습니다. 아이의 속마음을 알아야 아이의 행동을 이해하는 데 도움이 됩니다.

매사 자주 확인하는 아이의 속마음을 알아볼까요?

　　속마음: 잘못해서 혼나면 어쩌지?
　　의미: 자주 물어봐서 엄마의 반응을 미리 살펴봐야 해.
　　속마음: 나 잘하고 있나?
　　의미: 잘하고 있는지 엄마에게 확인받아야 해. 잘해야 엄마가 기뻐하니까.

엄마가 평소 컨디션이나 감정에 따라 아이를 다르게 대한다면, 아이는 어떤 행동을 하기 전 엄마의 반응을 살피기 마련입니다. 이때 아이에게는 자신이 잘하고 있는지보다 엄마의 반응이 더 중요할 수 있습니다. 즉 엄마를 안심시키기 위해 확인하는 행동을 보이는 것입니다.

부모의 통제, 아이의 자율성 키워주는 '수단'이어야 합니다

아이를 어떻게 통제하고 어느 정도까지 허용해야 할까요?
통제와 허용은 부모의 끝없는 질문입니다. 부모가 아이를 통제하는 이유를 아이에게 초점을 맞춰보면 '아이가 위험할 수 있어서', '규칙을 잘 지켜 바르게 자랄 수 있도록', '좋은 습관을 들이도록' 등 다양한 이유가 있습니다. 반대로 부모 자신에게 초점을 맞춰보면 '원하는 대로 상황을 이끌어가기 위해서', '생활의 질서가 잡히고 가정이 원만히 유지될 수 있어서' 아이를 통제한다고 볼 수 있습니다. 또 아이가 자신이 원하는 대로 자라지 않을까 봐 불안해서, 통제를 통해 불안을 조절하는 것입니다.

아이를 과도하게 통제한다면 부모 자신의 불안 정도와 강박적인 사고를 점검해야 합니다. 아이가 잘못될까 우려하는 마음, 혹은 부모의 통제로 아이가 더 잘 자랄 수 있다는 생각은 불안을 먹고 자라는 생명체처럼 강렬합니다. 통제를 하면 수정된 행동을 바로 확인할 수 있어 잘못이 바로잡히는 것처럼 느껴질 수 있지만 아이에게 잠복한 불만과 반항심은 오히려 점점 더 커져갈 수 있습니다. 다만, 아이가 자기조절능력을 키우는 데 통제력은 반드시 필요합니다. 통제력이 부족하면 절제와 결단이 어려워지고, 지나치면 강박감을 받게 되어 유연한 사고가 어려워집니다.

부모는 아이 스스로 조절 능력과 통제력을 키워나갈 수 있도록 도움을 주는 수준에서 아이를 통제해야 합니다. 부모, 자신의 불안 때문에 아이를 통제하는 것은 바람직하지 않으며 이후 아이의 원만한 사회성에 부정적인 영향을 미칩니다. 통제는 아이의 자율성을 키워주는 수단이어야 합니다.

아이가 성장하는 과정에서 자율성은 중요한 발달 단계입니다. 부모의 통제와 지시에 따르는 생활에 익숙한 아이는 자율적으로 행동하기 어렵고, 의존성이 강해질 수 있습니다. 의존하기 때문에 자신이 잘하고 있는 건지 스스로 매번 확인하고 부모의 반응도 살펴가며 행동하는 것입니다. 부모는 아이가 판단하고 결정할 때 미숙하고 부족하더라도 아이의 의견과 생각을 존중해주고 허용해줘야 합니다. 아이는 자신의 이야기를 믿고 경청하는 부모에게서 안정감을 느끼고 자율성을 키울 수 있습니다.

애착 물건에 집착하는 아이, 괜찮을까요?

저는 5세 딸과 18개월 된 아들을 키우고 있습니다. 18개월 된 아들이 제 머리카락을 만지는 걸 너무 좋아해서 틈만 나면 만지고 특히 잠잘 때는 꼭 만지면서 자려고 합니다. 못 만지게 하면 짜증을 부리고 우는데 어떻게 해야 할까요?

현재 아이는 '내가 되기' 위한 준비 단계입니다

태아는 엄마와 하나로 연결돼 있다가 세상 밖으로 나오면서 혼자가 됩니다. 몸은 엄마로부터 분리됐지만 심리적으로는 엄마와 하나인 상태입니다. 성장하면서 엄마가 나와 다르다는 것을 알고 엄마를 거울삼아 자신을 인식하게 됩니다. 그렇게 자신을 인식하는 과정은 생후 2년 정도의 시간이 필요하고, 이 기간에 불가피하게 동반되는 현상이 불안입니다. 불안을 조절하는 능력이 발휘되는 것은 애착을 형성하면서부터입니다. 초기 애착 대상과의 안정적인 유대가 중요한 이유입니다.

아이에게는 정신분석학자 위니캇의 말하는 중간대상이 필요합니다. 중간대상은 엄마로부터 분리되는 데 다리 같은 역할을 합니다. 중간대상을 흔히 애착 물건이라 부르기도 하는데 곰돌이 인형, 옷, 담요 등이 이에 해당합니다. 아이들이 성장하면서 애착 물건을 필요로 하는 것은 자연스러운 현상입니다. 엄마로부터 떨어져 주체적인 자신이 되어 가는 과정에서 나타나며 애착 물건은 아이에게 심리적 안정감을 제공하는 수단으로 작용합니다.

애착 물건은 왜 아이들마다 다를까요?

아이들은 어떻게 각각 다른 애착 물건을 만들게 되는 걸까요? 생후 1년 정도까지 오감 발달이 촉각의 경험을 시작으로 활발해집니다. 이 시기에 느꼈던 감각 중 자신에게 심리적인 안정감을 주는 느낌을 기억 공간에 저장했다가 2~4세 무렵 중간대상이 필요한 때가 되면 그 느낌을 대신할 사물을 찾게 됩니다. 바로 그것이 애착 물건이 됩니다.

영아가 초기 양육자로부터 느꼈던 오감이 토대가 돼 애착 물건이 정해지곤 하는데 그것은 촉각으로 느끼는 부드러운 담요일 수도 있고 후각적으로 기억하는 엄마의 옷이 되기도 합니다. 질문자 경우는 아이가 촉각과 후각의 결합으로 머리카락을 선호하게 되면서 애착을 갖게 된 것 같습니다.

애착이 과도하면 '집착'

아이들이 애착 물건을 어느 정도로 여기느냐에 따라 부모의 생각과 반응도 엇갈립니다. 애착물건에 대한 강도가 약하면 그냥 지나칠 수 있지만 집착으로까지 커지면 양육자의 고충이 생겨납니다. 이럴 때 양육자, 즉 엄마는 자칫 아이의 애착 물건에 대해 부정적인 반응을 보이게 되고 이로 인해 아이는 오히려 더 애착 물건에 집착할 수 있습니다.

예를 들어 신생아 때 사용하던 담요가 애착 물건인데 아이 몰래 세탁한다거나 새것으로 대체하는 행동은 아이에게 불신과 집착을 낳게 됩니다.

애착과 집착은 동전의 양면과 같아서 비슷한 것처럼 느껴지지만 내용 면에서 볼 때 정서적 발달에 미치는 영향은 분명히 다릅니다. 적절한 애착과 애착 물건은 안정적 정서를 형성하는 데 촉진적인 역할을 합니다. 그러나 애착 물건에 대한 지나친 집착은 고집스럽고 자기중심적인 사고를 하게 되는 핵심적 요소가 될 수 있으며 대인 관계의 확장을 가로막아 사회적 기능에 어려움을 초래하기도 합니다.

애착 물건: 심리적인 안정감을 준다. 대체 가능하다. 확장 놀이가 가능하다.

집착 물건: 절대적이다. 대체 불가능하다. 동반되는 감정이 부정적이고 강렬하다.

애착이 왜 집착이 될까요?

아이가 애착 물건에 과도하게 집착한다면 애착 물건에 대한 첫 경험과 부모의 반응이 어땠는지 체크하길 바랍니다. 부모의 반응에 따라 애착 물건은 제 역할을 적절하게 할 수 있습니다. 과한 반응이나 예민한 태도는 부적절합니다. 예를 들어 애착 담요를 입으로 빠는 행동에 대해 "병균이 있어서 더럽다"라고 반응한다면 집착과 동시에 청결에 대한 개념 오류가 발생할 수 있습니다. 아이가 좋아하는 담요를 이용해 놀이를 하는 것은 긍정적이라 할 수 있지만 지나치게 담요를 이용해 놀아주는 것은 적절하지 않습니다. 애착 물건을 과하게 놀이화하면 다른 장난감으로 관심을 확장하지 못하고 집착으로 악화될 수 있습니다.

바람직한 애착 물건

애착 물건은 엄마와 자신이 심리적으로 연합되어 있다가 개별적인 자신으로 주체성을 갖게 되는 과정에서 편안히 인도해 주는 안내자 역할이라 할 수 있습니다. 그렇다면 애착 물건을 바람직하게 이용하는 방법은 무엇일까요? 이를 기간, 강도, 반응으로 나눠서 살펴보겠습니다.

- 기간: 애착을 형성하는 생후 1년 이후부터 기관 생활 초반 2~6세까지는 애착 물건이 중요한 역할을 담당하게 됩니다. 이후 환경에 대한 관심이 많아지고 또래 관계가

원만히 확장되면 애착 물건의 역할은 서서히 축소되고, 의미도 소멸합니다.

- 강도: 아이의 애착 물건에 대한 행동이 양육자에게 스트레스와 어려움을 준다면 아이가 애착 물건에 집착하고 있는 것은 아닌지 점검해야 합니다.

- 반응: 아이의 애착 물건에 대한 양육자의 이해가 우선되어야 하며 양육자인 엄마가 어떻게 반응해 주는가에 따라 애착 물건을 바람직하게 이용하게 됩니다.

이렇게 해보세요

어느 때 애착 물건에 집착하는지 체크합니다. 양육자는 그 상황이 되기 전에 미리 준비하여 강도를 낮출 수 있도록 유도합니다. 집안 환경과 생활 리듬에 변화를 줍니다. 평소 생활 방식에 변화를 주어 아이가 심리적 구성을 재형성하도록 유도합니다.

예민하게 반응하지 않습니다. 긍정이나 부정적인 반응이 과하면 아이에게 또 다른 자극이 될 수 있으니 자연스럽게 반응하면 됩니다. 대체할 수 있는 애착 물건을 1~2개 정도 더 만들어 줍니다. 관심을 분산시킬 수 있도록 또 다른 놀잇감으로 재밌게 놀아 줍니다.

시간 체크를 너무 꼼꼼히 해서
아이 같지 않은 아이

아홉 살 아이가 학교나 학원 등 오고 가는 시간이 정해져 있는 경우에 시간을 체크하고 확인하는 것을 지나치게 하는 것 같아요. 아이를 맡고 있는 선생님과 주변에서는 꼼꼼함에 대해 칭찬하지만 아이답지 않은 것 같아서 걱정이 되기도 합니다. 괜찮을까요?

세상에서 살아남기 위한 적응적 행동이 '습관'

안정된 환경은 좋은 습관을 만들고, 잘못된 습관은 환경을 체크하는 동기가 됩니다. 아이가 반드시 시간을 지켜야 한다는 신념을 왜 갖게 되었을까요? 규범에 어긋나는 상황과 틀을 벗어나는 것에 대한 두려움이 있는 것으로 보입니다. 대체로 불안이 높은 경우에 규칙이 분명하고, 틀이 정해지면 안정감을 느끼게 됩니다.

아이의 불안이 표면적으로는 학교나 학원을 갈 때 시간에 꼭 맞추려는 강박적인 사고로 작동하고 있고, 심리적으로는 시간에 늦게 되면 잘못될 것 같은 기분을 느끼고 있는 것으로 보입니다. 그래서 아이는 부지불식간에 자신의 불안을 없애기 위해 어떻게든 시간을 확인하고 체크하며 늦지 않으려 행동하는 것입니다.

아이는 불편한 자신의 마음을 다루는 방법으로 시간을 체크하고 있고, 습관적인 행동으로 패턴이 만들어지고 있습니다. 마음이 불편하다면 왜 무엇 때문에 불편해졌을까요? 다른 것도 많을 텐데 왜 하필 시간일까요? 원인을 찾는 것이 해결 방법을 모색하기 위해 도움이 됩니다. 시간에 대한 예민함은 긴장감과 초조함을 의미합니다.

가정환경과 가족 구성원의 생활 패턴을 점검해 보면 아이의 특징적인 행동에 대한 단서를 찾을 수 있습니다. 가족 간의 관계 방식이 원만하지 않거나 일상이 불규칙적이거나 예측할 수 없는 돌발적인 상황이 빈번하진 않나요?

예를 들어 훈육의 방식이 일관적이지 않거나 갑작스럽게 감정적으로 대한다면 아이 입장에서는 언제 화를 낼지 모르는 양육자의 기분을 살피느라 늘 긴장하고 불안한 정서 상태로 지내게 됩니다.

아이가 시간을 체크하는 것을 지적하기보다는 심리적으로 안정될 수 있도록 가족애를 돈독하게 하고 오락이나 유쾌한 경험을 통해 경직된 정서를 이완시켜 주는 것이 도움이 됩니다.

심리적 안정감을 위해 조화로운 인지 필요

미국의 심리학자 리언 페스팅거 Leon Festinger의 인지부조화 cognitive dissonance theory 이론은 개인이 가지고 있는 신념, 생각, 태도와 행동 간의 부조화가 유발하는 심리적 불편감을 해소하기 위한 태도나 행동의 변화를 설명해 줍니다.

보통 시간에 관련된 경우는, 시간을 지켜야 한다는 신념과 시간을 지키지 못하는 태도가 충돌하면서 부조화가 발생하게 됩니다. 유사하게 시간을 지켜야 한다고 생각하면서 지키지 못할까 봐 강박적인 행동으로 시간을 체크하는 것도 불편감을 유발하는 부조화라 할 수 있습니다. 역설적으로 불편감을 해결하기 위해 다시 시간을 체크하면서 강박적인 행동을 반복하는 악순환이 발생합니다.

강박적으로 사고하게 되는 원인은 공포일 수 있는데 그 공포는 처벌에 대한 두려움입니다. 시간을 지키지 못해도 자신이 잘못될 만큼 대단히 큰일이 일어나는 것은 아니라는 경험을 해야 합니다. 학교에 지각하면 정당한 처벌을 기꺼이 받으면 되고, 그 외 상황에서도 시간을 지키지 못하면 그만큼의 대가만을 치르면 그만이라고 마음 편히 생각할 수 있어야 합니다. 아이가 책임을 두려워하지 않고 책임을 심리적으로 감당할 수 있도록 자신감을 불어 넣어 주어야 합니다.

평가나 처벌을 두려워하지 않을 정도의 담대함과 의연함을 키우는 것이 인지를 조화롭게 할 수 있는 방법입니다.

혼내려고 하면 엄마 눈치를 보는 네 살,
계속 혼내도 되나요?

네 살 딸아이를 키우고 있습니다. 제가 조금이라도 혼낼 기미가 보이면 바로 "죄송해요, 잘못했어요"라고 말합니다. 엄마 눈치를 많이 보는 것 같아요. 어린이집에서도 선생님의 눈치를 본다고 합니다. 어떻게 해야 할까요?

모녀간 '언어의 온도' 차이는 얼마나 될까요?

아이의 생각과 느낌은 어른이 상상하는 것과 차이가 있습니다. 아이가 엄마 눈치를 본다면 먼저 소통 방식을 살펴봐야 합니다. 유아와 양육자의 소통은 비언어적인 부분이 상당히 중요합니다. 그러나 비언어적인 사인마저도 언어적인 소통을 위한 필요조건이므로 여기에선 언어에 대한 부분을 체크해 보겠습니다.

스위스 언어학자인 페르디낭 드 소쉬르 Ferdinand de Saussure는

'랑그 langue'와 '파롤 parole'에 대해 언급했습니다. 그는 "언어적 의미는 단어 간의 관계 안에 있다"고 했습니다.

랑그는 소통의 도구로서 언어가 가지고 있는 구조입니다. 추상적이고 변하지 않으며 무시간적입니다. 파롤은 그 랑그를 전제하는 실제적인 언어생활입니다. 예를 들어 아이가 뭔가를 실수한 상황에서 엄마가 아이에게 "잘했다, 잘했어"라고 말했다면 정말로 잘했다는 의미의 'good job'이 아닐 것입니다.

"잘했다"라고 말하는 것은 랑그이고, 진짜 잘한 것이 아닌, '잘못했다'라는 생활의 실제 의미를 담는 것이 파롤입니다. 이렇게 언어의 기능은 복잡하고 다면적인데 이제 말을 배우고 언어를 익히고 있는 유아로서는 어떨까요? 어른은 단어의 이중의미를 알고 상황에 따라 자유자재로 구사하겠지만 유아가 어른들의 복잡다단한 말을 이해하는 것은 어려운 일입니다. 유아와 소통할 때는 전달하려는 내용을 충분히 표현할 수 있는 바른 언어 선택이 중요합니다.

엄마의 눈빛은 아이에게 '언어'

유아는 아직 언어를 자유롭게 구사할 수 없습니다. 그래서 비언어적인 사인도 언어처럼 소통 수단이 됩니다. 물론 유아에게만 국한되는 것은 아니고 어른에게도 표정과 몸짓을 담은 행동 등은 또 다른 언어입니다. 엄마의 눈치를 살핀다는 것은 말의 내용보다는 엄마의 표정과 대화 분위기를 주시한다는 얘기입니다. 감각적인 느낌에 더 반응한다는 의미이기도 합니다.

　언어가 충분히 발달하기 전에는 감각에 의존하게 됩니다. 아이와 대화할 때는 목소리 톤과 표정이 어떤지 체크하고, 말하는 속도도 주의해야 합니다.

　무엇보다도 가장 중요한 것은 엄마의 눈빛입니다. 눈빛은 대화와 소통, 언어의 완성이라 할 수 있습니다. 언어와 표정은 숨기거나 의도할 수 있지만, 눈빛은 숨길 수 없는 진실을 담기 때문입니다. 말로는 괜찮다고 하면서 눈빛은 화가 나 있거나 사랑한다고 하는데 눈빛은 냉랭하다면 어떨까요?

언어와 정서가 부조화한 부모 태도가 눈치 보는 아이 만들어

　언어와 정서의 부조화는 아이에게 불안과 혼란을 주어 눈치를 보는 즉, 상황을 살피는 습관이 생기게 합니다. 랑그와 파롤 사이에 발생할 수 있는 혼란은 진실한 눈빛으로 정돈될 수 있습니다.

　또, 언어의 생명력은 언어만으로는 불가능합니다. 언어 안에 정서가 담겨야 하는데 정서는 심리적인 접촉이 동반돼야 하고 심리적인 접촉은 스킨십을 배제할 수 없습니다. 아이와 건강한 스킨십을 나누는 것은 중요하고 필요합니다.

지양해야 하는 스킨십

　아이가 스킨십을 원하지 않으면 자제해야 합니다. 또한 아이가 원하지 않는 신체 부위의 스킨십은 삼가야 합니다.

예를 들어 아이는 볼 키스를 원하지 않는데 부모가 볼 키스를 하는 경우입니다. 아이가 머리를 만지는 것이 싫다고 했는데도 양육자가 무심결에 아이의 머리를 계속 만지는 경우입니다.

특히, 훈육을 쓰다듬거나 포옹하는 등 스킨십으로 급하게 마무리 짓지 말아야 합니다. 보통 훈육 후에 스킨십으로 마무리를 하게 되는데 상황에 따라 주의해야 합니다. 양육자의 훈육이 아이의 생각과 마음에 전달되어 작용하려면 일정한 시간이 필요하기 때문입니다.

훈육 후 기분을 풀어준다는 이유로 빠르게 아이를 쓰다듬거나 안아주는 등 애정 표현을 하는 것은 훈육 효과를 떨어지게 하는 스킨십의 역기능이 될 수 있습니다. 때론 아이가 그 상황을 벗어나고 싶어서 안아달라고 요구하기도 하는데 이때도 주의가 필요합니다. 아이가 흥분한 상태라면 차분하게 진정시킨 후 부드럽게 안아줍니다.

이때 "앞으로 그렇게 안 한다고 약속하면 안아줄게", "눈물 그치면 안아줄게"처럼 조건을 붙이는 것은 바람직하지 않습니다. '앞으로는 그렇게 하지 않기로 약속하자'와 안아주는 것은 별개입니다. 안아주는 조건에 이유가 있을 수 없습니다. 그냥 안아주면 됩니다.

아이에게 '눈치'란 '잘하고 싶은 마음'임을 알아주세요

아이가 엄마의 눈치를 보는 것은 과도한 통제를 받고 있다는 의미이기도 합니다. 아이가 하지 말아야 하는 것이 많고, 무언가를 할 때 간섭과 참견을 많이 받는다면 자연스레 눈치를 보며 살피게 됩니다.

다시 말해 눈치란, '내가 언제 무엇을 어떻게 해야 엄마에게 혼나지 않고 칭찬받을 수 있을까'를 판단하는 일이기도 합니다. 그러므로 아이의 입장에서 눈치를 보는 것은 잘하려는 마음이라는 점을 알아주어야 합니다.

엄마에게 혼나고 싶지 않고, 무엇보다도 엄마가 나를 싫어할까 봐, 사랑하지 않을까 봐 빠르게 잘못했다고 말하는 것입니다.

"눈치 보지 말고 네가 알아서 하고 싶은 대로 해"라는 말은 "잘하지 않아도 돼"라는 이중의미가 되므로 아이는 혼란과 무력감을 느끼게 됩니다. 아이가 잘못했다고 말할 때 그 말 자체에 얽매이거나 운운하기보다는 "네가 이렇게 하려는 마음이었구나? 그것을 엄마가 몰라준 것이고"라는 표현으로 바꾸면 아이는 자신이 잘못했다는 생각에서 벗어날 수 있습니다.

아이도 번 아웃이 올 수 있을까요?

10세 아들은 무엇이든 하려고 합니다. 좋아서 한다고 하지만 그 말을 그대로 믿어도 될지 모르겠습니다. 이런 경우 성인의 경우 번 아웃 현상인 것 같은데 아이들도 해당이 될까요? 조언 부탁드립니다.

아이의 심리와 수행 기능 체크해야

수행 능력은 욕구만으로 키워지지 않습니다. 번 아웃의 사전적 정의는 어떠한 활동이 원하는 대로 풀리지 않아 스트레스가 쌓이고 이를 해결하지 못해 심리적 생리적으로 지친 상태를 의미합니다. 이는 심리와 신체 기능의 상호 연관성 측면에서 볼 때 마음이 원한다고 신체와 기능이 저절로 맞춰지는 것은 아니라는 것을 말합니다. 무엇이든 하고 싶은 아이의 욕구를 충족할 만큼 체력과 생활 습관이 길러지고 주변 환경이 제대로 조성되었는지 살펴봐야 합니다.

예를 들어 자전거를 타고 싶다는 마음만으로 연습 없이 바로 탈 수는 없듯이 자전거를 탈 수 있을 만큼 신체가 성장하고, 보조 바퀴가 필요한 단계에서 두발자전거를 타는 시점까지 시간과 훈련이 필요한 것처럼 심리와 기능은 의욕과 욕구만으로 고기능이 되지 않는다는 점에 유의하면서 아이를 자세히 살펴봐야 합니다.

아이의 기분과 의지는 별개의 문제

보통 무엇이든 잘하고 싶어 하는 아이들은 기분이 가라앉는 것을 불편해합니다. 늘 무엇인가를 하고 있어야 심리적인 안정감을 느낄 수 있는데 양육자는 자칫 이 모습을 욕심 많고 의욕이 넘치는 것으로 이해하기도 합니다.

사실, 아이는 두려움과 불안한 정서가 내재되어 있을 수 있습니다. 잘 못 할까 봐 두렵고, 잘 안될까 봐 불안한 마음 때문에 아무것도 하지 않는 것이 힘들 수 있습니다.

건강한 정서를 가늠하는 방법 중 하나는 제시와 방향을 설정하지 않은 불확실한 모호한 상황이 심리적으로 괜찮을 수 있는 것입니다. 아이의 단순한 기분과 수행 의지는 따로일 수 있습니다.

성인과 아동의 번 아웃 증후군은 어떤 차이가 있을까요?

수행을 위한 전반적인 준비 없이 의욕이 앞서면 얼핏 활동적으로 보일 수도 있겠지만 일정 시간이 지나면 에너지 소진과 신체화가 나타날 수 있습니다. 정서와 기능의 부조화를 인식하지 못한 채 동일한 패턴이 지속된다면 성인인 경우 번 아웃 증후군 증상이 나타날 수 있고, 아동의 경우도 성인과 원인은 유사하지만 현상은 다소 다른 번 아웃 증후군이 보이게 됩니다.

성인은 무력감이 두드러지고, 아동은 긴장도가 높아질 수 있습니다. 즉, 성인은 일을 과도하게 하면서 효율성이 떨어져 흥미를 잃고 자신의 무가치함을 느끼게 되지만 아동은 피곤한데도 잠을 자지 않는다거나 지치지 않고 놀려고 하는 모습을 보입니다.

둘은 에너지 작동 방식으로 구분할 수 있습니다. 성인은 하향, 아동은 상향하는, 에너지의 방향성에서 차이를 나타냅니다.

'아이에게 필요한 것' 체크해 보세요

아이가 진심으로 원하는 것이 무엇일까요?

양육자가 원하는 것이 아닌 아이가 원하는 것이 아이에게 필요한 것입니다. 아이에게 무엇이 필요하고, 무엇을 제거해야 하는지 체크하기 위해 아이의 정서 흐름을 잘 관찰해야 합니다.

양육자가 바라는 것과 아이가 원하는 것이 어느 정도 일치하기 위해서는 양육자와 아이 사이에 남다른 교감이 필요합니다. 그러기 위해서는 양육자가 조급한 마음이나 방심한 태도를 경계해야 합니다. 아이에게 필요한 것은 긴장감 완화입니다. 아무것도 하지 않으면 불편하고 불안하다는 것은 긴장도가 높다는 의미입니다.

이런 경우 편안하게 쉬면서 정서를 이완하는 방식이 아닌 오히려 집중해서 무언가를 할 때 안도감을 느끼기도 합니다.

양육자는 아이가 비활동적 공백을 자연스럽게 받아들이도록 도와주어야 합니다. 예를 들어 빠르게 달리다가 걷고 싶으면 갑자기 멈추는 게 아니라, 서서히 호흡 조절을 하며 속도를 줄이는 것처럼 활동과 비활동 사이의 단계를 점차적으로 경험하는 것이 필요합니다.

정서는 마음의 여백과 시간의 여유가 있을 때 성장 발달하게 됩니다.

아동의 급성 스트레스
가볍게 생각하면 안 됩니다

집 주변에 있는 공사장 장비가 집으로 들이닥치는 사고가 있었어요. 많이 놀라기는 했지만 다행히 인명 피해는 없었습니다. 바로 파괴된 시설을 복구하고 일상을 되찾았어요. 그런데 한 달이 지난 지금도 여전히 여덟 살 난 딸아이가 불안해합니다. 심리치료가 필요할까요?

외상 후 스트레스는 급성 스트레스를 의미합니다

급성 스트레스는 일종의 질병으로 간주합니다. 미국정신의학협회APA에서 출판하는 서적 정신질환 및 통계편람 DSM-5 Diagnostic and Statistical Manual of Mental Disorders 는 급성 스트레스를 외상 후 스트레스로 분류합니다. 예측할 수 없는 사고는 생각보다 정서적 충격이 큽니다. 사고 직후는 충격 때문에 잘 느끼지 못하지만 시간이 지날수록 다양한 후유증이 나타날 수 있고, 일상에서 경험하는 가벼운 교통사고의 경우도 시간이 지날수록 신체적 고통을 호소하게 되는 것과 유사합니다.

어떤 상황이나 사건이 발발했을 때 기분과 감각은 즉각적으로 느껴지지만 심리와 정서의 여파는 상황이 종료된 이후에 더 선명하거나 확장되어서 재경험되기도 합니다. 시간이 오래 지났는데도 과거의 어떤 사건을 생각하면 지금 일어난 일인 것처럼 느껴지기도 하는데 정서적 경험은 시공을 뛰어넘어 이어지기 때문입니다.

충격을 동반하는 경험은 쉽게 사라지지 않습니다. 불편한 경험은 특히, 생명에 위협을 느낀 사고라면 공포감을 느끼기 때문에 심리 방어기제인 회피와 도피를 사용할 수 있습니다.

회피는 현재 혐오 자극이 존재하지는 않지만 미리 특정 행동을 함으로써 혐오 자극이나 상황이 발생하지 않게 되는 경우이고, 도피는 혐오 자극을 감소시키거나 제거하는 반응을 획득하는 것을 의미합니다. 예를 들어 특정 사람을 만나면 기분이 상하기 때문에 모임에 나가더라도 호감도 있는 구성원들과 대화를 나누면 회피이고 아예 모임에 나가지 않는다면 도피입니다.

질문자의 경우는 집에 사고가 있었기 때문에 다른 집으로 이사를 간다면 도피이고, 만약에 사고가 났던 그곳에 필요 이상으로 안전장치를 마련하거나 사고가 났던 시간대에 특정 행동을 한다면 회피입니다.

또 다른 심리기제는 해리인데 이는 기억을 가위로 잘라내듯이 삭제하는 것으로 심리적으로 감당하기 어려운 특정 사건을 없애고, 인지를 왜곡시켜서 아예 기억을 못 하거나 하지 않는 것입니다. 해리의 경우가 아니라면 대체적으로 경험을 기억하면서 생활하게 됩니다.

사고 후 3주 정도는 급성 스트레스로 인해 정서가 불안정합니다. 사고를 겪었더라도 대부분은 시간이 지나면 자연스럽게 일상을 회복하게 되지만 간혹 악몽에 시달리거나, 불안과 강박에 휩싸인 행동 패턴이 나타날 수 있습니다.

신경이 예민해진 탓인데 기질적인 이유이거나 사건 직후 대처가 충분하지 않았을 경우에 해당됩니다. 비교적 안정을 빠르게 되찾는다 해도 겉으로 보이는 것과 내면은 다를 수 있어서 심리치료를 받는 것이 향후 정서를 위해서 도움이 됩니다. 일상의 회복이 어려운 경우는 보다 더 세밀한 치료가 병행되어야 합니다. 심리치료는 최소 6개월에서 1년 정도 받으시길 권합니다.

심리적 안정감을 위해 일상을 유지합니다

아동의 정서는 양육자와 환경의 영향을 받습니다. 평소에 안정된 정서가 형성되어 있다면 사고 후 회복에 대해 크게 염려 안 해도 되고, 정서가 불안정했다면 각별한 돌봄이 필요합니다. 각별한 도움이라고 해서 유별난 행위를 의미하는 것은 아닙니다. 가능하면 평소의 생활을 유지하고, 적절한 대화를 나누면서 불안을 해소하고, 안정감을 느낄 수 있도록 유도해 주면 됩니다.

사고를 잊기 바라는 마음에서 일부러 사고 이야기를 안 한다거나, 책임을 가해자에게 떠넘기는 표현, 반대로 피해자의 부주의를 탓하는 혹은 연민도 주의해야 합니다. 사건과 사실을 부정, 확대하지 않으면서 상황에 맞춰 자연스럽게 대응하고 대처하는 것이 좋습니다.

스킨십이 도움이 됩니다

스킨십^{접촉}은 유아동뿐만 아니라 모든 사람에게 정서적 안정을 주는 가장 쉽고, 안전한 방법입니다.

아이가 불안해할 때 "괜찮아 다 지난 일이잖아. 다시는 일어나지 않을 거야. 걱정하지 마"라는 표현은 도움이 안 됩니다.

"그래, 자꾸 생각나고 불안하지. 근데 생각해봐. 사고 후에 처리하고 정비해서 안전하게 다시 잘 생활하고 있잖아. 다시 그럴 가능성은 아주 낮지만, 만약 그렇다고 해도 이번처럼 어른들이 잘 처리할 수 있을 거야"

이와 같이 현실적인 대화가 막연하게 괜찮다고 하는 대화보다 아이를 안심시키는 데 도움이 됩니다. 부모나 어른들도 어떻게 하지 못하는 무방비 돌발 상황에서 아이는 그 누구도 자신을 지켜주지 못한다는 극도의 불안감을 느꼈을 겁니다.

그렇기 때문에 어른들이 '괜찮아'라고 하는 말이 아이에게 믿음을 주기가 어렵지만 그럼에도 꾸준히 일관성 있게 대해준다면 점차 나아질 것입니다.

조금만 엄격하게 말하면
"엄마 사랑해"라며 웃는 아이

네 살 딸은 엄마의 웃는 얼굴을 좋아해요. 습관처럼 웃어 주어서 그런지 모르겠지만 진지하게 말을 하면 화를 낸다고 여기고, "예쁘게 말해 달라고, 나를 사랑하지 않냐?"고 묻곤 합니다. 그런가 하면 먼저 사랑한다고 애교를 부리기도 하는데 어떻게 하면 좋을까요?

유아에게 엄마는 생존을 위한 절대적인 존재

엄마의 관심과 사랑을 원하는 아이를 이상하다고 생각하는 사람은 없을 것입니다. 너무 당연한 일이라 오히려 간과하기도 합니다. 영유아에게 엄마의 사랑은 흔히 생각하는 것보다 깊고 넓은 의미가 있습니다. 아이는 엄마의 젖을, 우유를 먹고 자라지만 온기 있는 돌봄을 받지 않으면 생존할 수 없다는 사실이 연구로

밝혀졌습니다.

시설증후군과 적응증후군에 관련된 사례로 프랑스 한 지역에서 시설 영아들이 우유병은 제공받았지만 말을 해주는 돌봄을 받지 못했답니다. 그 아이들이 네 살 경에 모두 사망했다는 보고가 있는데 이것은 무엇을 의미할까요?

아이는 배고픔만 해결하는 우유만으로는 살아갈 수 없다는 것입니다. 돌본다는 것은 정서적 교감과 피부 접촉이 중요하다는 의미인데 이는 영아기 이후 유아 초기까지 반드시 필요합니다. 아이 입장에서는 사랑받지 못한다고 느끼면 생명의 위협을 느낄 만큼 두려운 일이 될 수 있고, 결국 불안한 정서가 형성됩니다. 아이가 인지하지 못하는 무의식적인 경험입니다.

영유아에게 엄마의 사랑이 필요하다는 것은 기본적인 상식 수준으로 머물러서는 안 됩니다. 이를 넘어서 영유아에게 엄마의 사랑은 절대적으로 충족되어야만 하는 생명수와도 같다는 것을 다시 한번 기억해야겠습니다.

엄마의 반응은 일정한 평균값이 중요합니다

아이가 엄마의 웃는 얼굴을 좋아한다는 것은 화난 얼굴, 무뚝뚝한 얼굴, 밝은 표정, 어두운 표정에 민감하다는 의미입니다. 또 외부 환경이나 상대의 기분과 분위기에 영향을 많이 받을 수도 있습니다. 밝고, 긍정적이고, 좋은 것이 좋은 것이라는 생각은 아이를 양육하는 환경을 최선의 조건으로 갖추고자 하는 마음으로 이어질 수 있습니다. 그 마음이 늘 웃는 모습으로 아이를 대하는 것은 아닌지 체크합니다. 다만 정서적으로 건강하다는 것이 늘 웃고 밝은 것을 의미하지만은 않습니다.

복잡한 상황에서도 담담하게 다양한 감정을 느끼고 경험해 낼 수 있는 내적인 힘이 중요합니다. 정신적인 역량은 한쪽으로 치우치면 키워지지 않으므로 좋고 나쁨, 웃음 화냄과 같이 이분법적으로 나뉘지 않도록 주의해야 합니다.

아이의 행동에 대한 엄마의 정서적인 반응은 중간의 평균값이 필요한데 감정을 수치화한다는 것, 평균을 낸다는 것이 생소할 수 있지만 다시 말해 올라가도 내려가도 그 중간 지점에 중심을 잡는다는 것을 뜻합니다. 예를 들어 놀이기구 시소에 중심축이 없다면 어떻게 될까요? 엄마의 감정도 이와 유사한 역할을 합니다.

이렇게 해봅니다

감정에 1부터 5까지의 단계를 임의적으로 정한 후 3을 기준으로 표현합니다. 올라가면 3으로 낮추고, 내려가면 3으로 올린다고 생각해 보세요. 기준이 있기 때문에 감정과 기분에 휘둘리기보다는 감정과 기분을 조절하는 능력이 생기게 됩니다.

엄마의 반응은 아이의 행동을 좌지우지하게 합니다. 엄마의 사랑을 확인하고 싶어 묻는 아이의 속마음을 읽어야 어떤 반응을 할 것인지 정할 수 있습니다.

예를 들어 ① 아이가 나를 사랑하지 않느냐고 묻고, 사랑한다고 건성으로 대답한다면 아이는 질문을 멈추지 않고 지속합니다. 오히려 기존 방식을 더 강화하거나 다른 방식을 취하게 되는데 엄마가 불편할 만한 사고를 치거나, 과한 행동을 하거나 혹은 지나치게 매달리며 엄마의 관심을 끌려고 할 것입니다.

② 질문을 할 때마다 대답을 해주고 아이를 안심시켜주면 아이가 편안하게 안정되는 것처럼 보이지만 그러나 엄마의 그런 반응이 좋아서 다시 듣고 싶고, 느끼고 싶어서 질문을 계속 반복하게 됩니다. ①과 비슷하게 질문을 계속하지만 과정과 내용은 ①과 ②가 다르다고 할 수 있습니다. 그렇다면 질문에 답을 건성으로 하는 것도, 매번 성의껏 하는 것도 바람직하지 않다는 것인데 어떻게 해야 할까요?

엄마의 마음이 자연스럽게 담기는 답을 하면 됩니다. 자연스러운 것은 어떤 의도를 가지지 않아야 하는데 ②처럼 좋은 의도이지만 그때그때 반응하고 아이가 원하는 답을 주려고 하는 것은 인위적이고, 사실 불가능하기도 합니다. 엄마도 감정이 항상 매끄럽게 고를 수는 없기 때문입니다.

아이들은 상황에 따라 진심이 담긴 자연스러운 태도와 답을 해주었을 때 생각보다 훨씬 더 좋은 영향을 받습니다. 물론 일관성이 있어야 하는 것은 기본 전제입니다.

'넓은 세상'으로 나아가는 아이 묵묵히 보기

5부의 질문들은 언제 어디서나 볼 수 있는 아이들의 일상적인 생활과 장면이다. 아이가 엄마와 함께 환경에 적응하며 지내다 이제 유치원도 가고 학교도 가서 친구를 사귀고 배우고 익히며 더 넓은 세상으로 나아가면서 발생하는 일들이다. 우리는 아이가 엄마의 몸에서 태어날 때 겪었던 고통은 예상하면서 아이가 세상으로 나갈 때 겪어야 하는 심리적 어려움은 간과하기 쉽다. 적응했던 환경에서 적응해야 할 환경으로 나가는 틈새의 공간은 창조를 위한 또 다른 모체이다. 적응했던 환경을 잘 벗어나는 것은 무엇을 의미할까? 익숙한 것으로부터 등을 돌리는 것이고, 새로운 것을 바라볼 수 있어야 한다. 그것은 쉽지 않다. 허전함이고, 두려움이고, 상실이고, 낯선 것이다. 그럼에도 성장한다는 것은 해내는 것이기 때문에 아이들은 기꺼이 앞으로 전진한다.

적응해야 할 환경으로 나아간다는 것은 무엇을 의미할까? 부모로 하여금 심호흡을 하게 하는 의미심장한 순간이다. 해주고 싶어도 참아야 하고, 다가가고 싶어도 멈춰야 하고, 묵묵히 지켜봐야 하지 않겠는가.

허먼 멜빌의 소설 <모비딕>에서 이스마엘은 왜 바다로 나가고 싶었을까, 왜 고래를 잡고 싶었을까? 바다가 거기 있어서 바다로 나갔고, 바다에 고래가 있으니 고래를 잡고 싶었다. 그것이 맹목적으로 모비 딕을 잡고자 했던 모든 이들이 죽어도 이스마엘만 살아남은 이유가 아니었을까?

아이들은 그저 성장한다. 세상이 그리고 우리가 할 일은 우리 아이들에게 바다가 되어주는 것이다.

에 필 로 그

엄마의 말이 기억난다.

그때는 사람이 사람 노릇 하며 사는 것이 얼마나 어려운 일인지 모른다던 그 말의 의미를 알 듯 모를 듯 그랬었다. 생각해 보면 이보다 심오한 말이 없는 것 같다. 이제 나도 엄마에게 배운 대로 노릇을 하며 살아야 할 때가 되었다. 소크라테스의 대화법이 탄생하게 된 배경에는 산파였던 엄마가 있었다. 우린 배운 대로 하고, 배운 것 이상으로도 한다. 그것의 차이는 통찰인데 그것을 가능하게 하는 것은 경험에서 배우는 것이다.

엄마들의 육아 고민 질문에 대답하면서 답을 하면 할수록 내 안에 또 다른 질문이 생겨 깊게 탐구하는 동기가 되었던 것 같다. 경험에서 배운다는 것이 무엇인지 알게 된 시간들이었고, 여전히 진행 중이다. 오랜 시간의 인연으로 정성스럽게 추천사를 써주신 더 나은 사회를 위해 다방면으로 노력하는 육아신문 <베이비뉴스> 소장섭 편집국장님, 인간에 대한 깊은 애정으로 사람을 대하는 정신분석 전문가 김주영 선생님, 아픈 이들에게 친절함을 조제하는 사람 좋은 약사 김대성 님, 아이들의 마음을 살피며 참교육을 실천하는 다정한 초등학교 김해미 선생님, 아동 시설을 가정의 대체가 아닌 가정과 같은 따뜻함으로 경험하도록 사명을 다하는 사회복지사 홍윤기 선생님에게 진심으로 감사하다는 말을 전한다.

단어 하나 하나를 아이 돌보듯 조심스레 다루어주신 컬처 플러스 강민철 대표님과 고혜란 님께 감사한 마음을 전하며 좋은 인연으로 이어가길 기대한다. 엄마의 말은 오래도록 기억된다.

엄마의 마음으로 쓴 글이 독자의 마음에서 무럭무럭 자라나길 바란다.